아홉살
리더십
멘토

미래를 이끌어 갈 어린이를 위한 인물 이야기

아홉 살 리더십 멘토

글 신지영 | 그림 강화경

북멘토

작가의 말

더 나은 세상을 위한 리더

어렸을 때였어요. 동네에는 또래 친구들이 제법 많았습니다. 우리는 모여서 항상 동네 여기저기를 탐험하러 다녔죠. 고속도로 옆 사잇길이나 동네 구석진 골목 같은 곳이었습니다. 지금 생각하면 제법 험난한 곳도 많이 다녔는데 별다른 사건 없이 모험이 재미있었던 것은 멋진 리더가 있었기 때문입니다. 그 친구는 동갑이었지만 또래보다 남달랐습니다. 낯선 곳이라 해도 제일 먼저 앞서고 제일 마지막에 나오곤 했죠. 그러다 보니 모험을 함께하던 아이들도 그 친구를 마음 깊이 신뢰하고 따랐습니다. 지금도 그 친구를 떠올리면 좋은 리더란 항상 다른 사람을 먼저 생각할 줄 아는 사람이구나 하고 느낍니다.

세상에는 많은 리더들이 있습니다. 혼자 이끌 때 빛이 나는 리더도 있고, 함께할 때 빛이 나는 리더도 있죠. 그리고 남을 빛나게 해 주는 리더도 있습니다. 다 의미 있는 사람이지만 제게 가장 멋있는 리더는 남을 빛나게 해 주는 사람 같습니다. 함께하는 모든 사람의 행복을 꿈꾸고 각자의 개성을 존중하는

사람이야말로 진정한 리더가 아닐까요? 남들 위에 군림하고 지배하는 사람은 오직 자신만을 위해 사는 사람입니다. 하지만 사람들을 위해, 세상을 더 나은 곳으로 만들기 위해 힘을 내는 사람은 결국 그 힘으로 스스로를 갈고 닦고 변화시킵니다.

    이 책에는 자신만의 리더십으로 세상을 빛나게 해 준 일곱 명의 리더가 나옵니다. 때론 지혜롭게, 때론 희생하며, 때론 과감하게 세상을 바꾸기 위해 노력한 사람들입니다. 책 속에 나오는 일곱 명의 리더들이 어떻게 세상을 바꾸어 냈는지 궁금하지 않나요? 서로 다른 삶을 살았지만 이들이 추구한 가치는 모두 같습니다. 모두 다 더 나은 세상을 꿈꾸던 사람들이었지요. 이 책을 읽은 친구들도 앞으로 멋진 리더가 되어 더 나은 세상을 꿈꿀 수 있었으면 좋겠습니다.

신지영

추천사

스스로 꿈꾸는 미래에 맞는 리더십을 길러 봅시다

　회사나 국가, 사회가 발전할 때는 많은 사람들을 이끌어 가는 사람이 있습니다. 그런 사람을 지도자라고 부릅니다. 지도자의 말과 행동을 살펴보면 사람들을 이끄는 데 필요한 여러 가지 특성을 발견할 수 있습니다. 그것이 바로 리더십입니다. 이 책에서는 리더십을 일곱 가지 유형으로 나누었습니다.

　인터넷 세상에 도전해 아마존을 만든 제프 베이조스, 감염병 퇴치에 앞장서 백신의 황제로 불린 이종욱, 원수를 사랑하는 마음으로 평화를 일궈 낸 넬슨 만델라, 끝없는 상상의 깊이를 영화로 보여 준 스티븐 스필버그, 능력 있는 신하를 모아 세계사를 바꾼 엘리자베스 1세, 아들을 잃은 슬픔을 넘어 노동자들의 어머니가 된 이소선, 죽을 때까지 유비와의 신뢰를 지킨 제갈량처럼 다양한 인물들 이야기를 담았습니다.

　우리 어린이들이 한 권의 책으로 이처럼 시대와 공간과 분야가 다른 리더들을 만날 수 있다니 기쁩니다. 이 책을 통해 자기한테 맞는 리더십, 스스로 꿈꾸고 있는 미래에 맞는 리더십을 알고, 그런 리더십을 기를 수 있기를 바랍니다.

이주영
문학박사, 어린이문화연대 대표

세상을 아름답게 만들어 주는 색깔이 다양하듯이

어린이 여러분은 어떤 세상에서 살아가기를 바라나요?

많은 대답들이 나올 수 있겠지만, 결국 좀 더 나은 세상, 좀 더 많은 사람들이 편리하고 행복한 삶을 살아가는 세상을 꿈꿀 것입니다. 이처럼 많은 이들이 원하는 세상을 앞장서서 만들어 나가는 사람을 우리는 리더라고 합니다. 그리고 그들이 사람들을 이끄는 힘을 우리는 리더십이라고 합니다.

세상을 아름답게 만들어 주는 색깔이 다양하듯이 더 나은 세상을 위해 노력하는 사람들이 가진 리더십도 다양합니다. 이 책은 다양한 리더들의 삶의 모습, 리더십의 원칙 그리고 리더들을 이해하기 위한 배경지식까지 곁들여서 한층 더 이해하기 쉽고 생생하게 구성되었습니다. 여러분이 바라는 세상을 만들기 위해 어떤 리더십이 필요할까요? 바로 이 책에서 찾을 수 있을 것입니다.

지금은 꿈꾸는 어린이지만 시간이 흐른 후 세상의 많은 분야에서 리더가 되어 있을 여러분에게 이 책을 추천합니다.

김성준
작가, 사단법인 책읽어주기운동본부 이사

작가의 말 · 4
추천사 · 6

도전하는 리더십은
제프 베이조스처럼! · 10

행동하는 리더십은
이종욱처럼! · 26

화합하는 리더십은
넬슨 만델라처럼! · 42

상상하는 리더십은
스티븐 스필버그처럼! · 60

사람을 얻는 리더십은
엘리자베스 1세처럼 · 80

포용하는 리더십은
이소선처럼! · 100

신뢰받는 리더십은
제갈량처럼! · 124

아마존 신화

아직 21세기가 오지 않은 1994년의 어느 날, 세계의 부가 모이는 뉴욕 월 스트리트의 한 회사에서 스물아홉 살의 청년 제프 베이조스가 책상에 배달된 신문을 뚫어져라 읽고 있었어. 제프 베이조스는 입사한 후 컴퓨터 기술을 통한 주식 거래 전략을 세우는 일을 하다 능력을 인정받았어. 그 뒤로 계속해서 승진을 했지. 1년 만에 연봉 100만 달러 이상이 되고, 최연소 부사장 자리에 오를 정도로 출중한 인물이었지.

제프 베이조스가 관심을 기울이던 기사는 인터넷 이용자가 1년 만에 23배로 늘어났으며 앞으로도 매년 수십 배씩 증가할 것이라는 내용이었어. 당시는 인터넷이 널리 보급되기 이전이라 지금과 달리 이용자가 그리 많지 않았어. 제프 베이조스의 머릿속에서는 기사의 내용이 떠나지 않았어. 기사의 예측대로라면 인터넷은 앞으로 거의 모든 사람이 사용하게 될 것이 분명하니까 말이야. 며칠이 지나도 기사의 내용이 머릿속에 맴돌자 제프 베이조스는 인터넷을 이용한 사업을 생각해 보게 돼.

그러다 떠오른 아이디어가 시장에 직접 가서 물건을 사고파는 것이 아니라 인터넷을 이용하여 사고파는 전자 상거래였어. 제프 베이조스는 인터넷에서 팔릴 만한 물건 스무 가지 정도를 골랐고 그중에서 한 품목을 선택했어. 그게 바로 책이야. 책은 시장에서 사나 인터넷에서 사나 품질에 차이가 없었기 때문에 전자 상거래에 적당한 품목이었지.

제프 베이조스는 즉시 회사에 사직서를 냈어. 회사는 미래가 보장된 안정된 자리를 왜 그만두냐고 말렸지. 하지만 제프 베이조스의 결심은 흔들리지 않았어. 더 큰 것이 눈앞에 보이는데도 안전한 자리에 멈춰 있는 건 제프 베이조스의 성미에 맞지 않았기 때문이야. 당시 같은 회사에 다니다 제프 베이조스와 결혼한 부인 매킨지 터틀의 협력도 큰 도움이 되었지. 부인은 제프 베이조스의 선택을 지지했어.

회사를 그만둔 제프 베이조스는 시애틀로 이사한 다음 작은 실내 주차장을 빌렸어. 책상 하나 정도가 간신히 들어갈 수 있는 작은 공간이었지. 그곳에서 제프 베이조스는 자신을 따르는 몇 사람들과 함께 인터넷으로 책을 사고파는 회사를 만들었어. 회사의 이름은 라틴 아메리카 대륙에 있는 세계에서 가장 큰 강인 아마존의 이름을 빌려 아마존닷컴이라 지었지. 회사의 이름이 'A'로 시작하면 인터넷에서 검색할 때 가장 먼저 검색 결과로 나올 가능성이 높을 뿐더러, 아마존강이 품은 신비한 이미지와 세계에서 가장 크다는 이미지를 함께 얻으려고 한 거야. 이 작은 회사가 바로 훗날 전 세계에서 브랜드 가치 1위로 평가받게 되는 아마존닷컴이야.

꿈의 시작

제프 베이조스는 1964년에 미국의 뉴멕시코주에 자리한 앨버커키라는 곳에서 태어났어. 하지만 베이조스의 부모님은 베이조스가 태어난 지 얼마되지 않아 이혼을 했어. 그리고 베이조스의 어머니는 재혼을 했는데, 새아버지는 성실한 사람이었고 어린 베이조스에게도 친절하게 대해 주었지. 베이조스는 새아버지를 무척 존경해서 새아버지를 닮기 위해 노력했어.

1969년, 베이조스가 다섯 살 때 세계적으로 큰 사건이 있었어. 아폴로 11호가 인류 최초로 사람을 싣고 달에 착륙한 거야. 전 세계 사람들이 열광한 그야말로 어마어마한 일이었지. 어린 베이조스의 꿈은 그날부터 우주 비행사가 되었어. 베이조스의 외할아버지 프레스턴 자이스가 우주에 관련된 일을 하는 것도 영향을 미쳤어. 베이조스는 고등학생 때까지 매년 여름 방학을 외할아버지의 농장에서 보냈는데, 그곳에서 외할아버지에게 우주에 대한 이런저런 이야기를 들을 수 있었어. 우주에 관심

이 많아서였을까? 베이조스는 수학과 과학에도 관심이 많았어. 또, 고등학생 때 과학과 수학 과목에서 여러 번 최우수상을 획득했고, 캘리포니아주에서 개최한 과학 논문 경진 대회에 〈무중력 상태가 파리에 미치는 영향〉이라는 논문을 발표해 입상할 정도로 공부도 잘했어. 그러다 보니 고등학교를 수석으로 졸업하고 미국의 명문 대학교인 프린스턴 대학교에 입학할 수 있었지.

베이조스는 대학에서 물리학을 공부하려고 했어. 하지만 자기의 적성이 물리학이 아니라 컴퓨터 공학이라는 걸 깨닫고는 진로를 수정했지. 베이조스는 우수한 성적으로 대학을 졸업해 당시 세계 유수의 대기업인 인텔, 앤더슨 컨설팅 등에서 입사를 권유받았단다. 하지만 베이조스는 이를 거절하고 이제 막 시작하는 '피텔'이라는 작은 벤처 회사에 입사해서 통신 프로그램을 짜는 업무를 맡았어.

입사하자마자 능력을 드러낸 베이조스는 1년 후 기술 책임자가 되었지. 그런데 회사의 전망이 자신과 맞지 않아 회사를 나오게 돼. 퇴사한 베이조스는 뱅커스 트러스트라는 금융 회사에 다시 들어가는데 입사 10개월 만에 최연소 부사장으로 승진했지. 하지만 여기도 역시 베이조스의 꿈과 그리 맞지 않았어. 베이조스는 다시 회사를 나오게 되고 디이쇼라는 새로운 금융 회사에 들어갔지. 또 1년 만에 부사장이 된 베이조스는 앞으로는 인터넷이 세상을 바꿀 거라고 확신했어. 그래서 다시 퇴사하고, 아마존닷컴을 창업했어.

아마존을 세계 최대의 기업으로

베이조스는 새아버지와 지인들로부터 투자받은 200만 달러를 가지고 시애틀의 작은 창고에서 단지 컴퓨터 세 대만으로 사업을 시작했어. 당시 아마존의 주식은 한 주당 17센트로 약 170원 정도에 지나지 않았어. 사람들은 아마존이 큰 성공을 거두지 못할 것이라 생각했어. 심지어 사업을 시작한 제프조차 새아버지에게 사업의 성공 가능성을 30퍼센트 정도밖에 안 된다고 이야기했지. 하지만 새아버지는 어린 시절부터 보아 왔던 베이조스의 가능성을 믿고 사업 자금을 빌려주었어.

새아버지의 믿음이 있어서일까? 아마존은 사업을 시작한 지 한 달도 되지 않아 미국 전 지역뿐 아니라 세계 45개 주요 도시에 책을 팔기 시작하며 대성공을 거두었어. 베이조스가 놀라운 성공을 거두자 미국의 사업가들을 다루는 잡지 〈월스트리트지〉는 아마존을 커버스토리로 내보냈고 회사는 점점 더 몸집을 불려갔어. 마침내 미국 주식 시장인 나스닥에 아마존을 상장했지.

상장 당시 가격은 주당 18달러였지만 20년만에 주당 1000달러까지 오르게 돼. 기업 가치는 무려 1050배나 올라갔지.

  사업이 점점 커지자 베이조스는 아마존에서 판매하는 상품을 책에서 음반과 비디오 분야로 확장했어. 책과 마찬가지로 음반과 비디오도 오프라인 구매와 온라인 구매 사이에 큰 차이점이 없었기 때문이었지. 아마존은 어느새 대기업으로 성장했어. 베이조스도 1999년 미국의 유력한 언론인 〈타임지〉가 선정한 올해의 인물이 되었지.

하지만 아마존에 곧 위기가 닥쳤어. 미국의 금융 회사들은 아마존이 튼튼한 토대 없이 너무 빨리 성장한 기업이라고 평가했어. 그래서 기업 가치에 대한 과대평가가 사라지고 거품이 꺼지면 회사가 위태로워질 것이라 예측하는 보고서를 발표한 거야.

보고서 때문이었을까? 실제로 아마존은 주식 가치가 급락하는 등 큰 위기를 겪게 되지. 아마존을 다니던 수많은 임직원들도 이 시기에 회사를 떠났어. 베이조스도 곧 망하리라는 소문이 월 스트리트에 파다했어. 하지만 베이조스는 이때 한 고객의 말을 떠올렸어. 아마존이 책이나 음반뿐 아니라 생활에서 사용하는 필수품들도 함께 팔았으면 좋겠다는 이야기였지. 이 말에서 힌트를 얻은 베이조스는 아마존에서 생활용품뿐 아니라 가전제품, 의류 등 거의 모든 것을 판매할 수 있도록 사업을 확장했어.

회사 내 다른 사람들은 걱정이 많았지. 의류나 가전제품을 온라인으로 판매해 본 경험이 아무도 없었기 때문이야. 하지만 베이조스는 걱정하지 않았어. 아이디어와 실험 정신으로 자신의 길을 간다면 성공할 수 있다고 믿었거든. 결과는 베이조스의 예측대로였어. 아마존은 위기를 극복하고 2004년에 세계 최대의 전자 상거래 회사가 된 거야. 다시 한 번 제프 베이조스의 전성기가 열린 거지.

끝나지 않는 도전

아마존을 세계 최대의 전자 상거래 회사로 만들자 사람들은 다시 베이조스를 칭찬하기 시작했어. 그러나 베이조스는 언제나처럼 일시적인 성공에 만족하지 않았어. 하나의 성과에 만족하다 보면 더는 앞으로 나아갈 수 없는 것을 알고 있었기 때문이야. 그래서 탄생한 것이 바로 전자 기기로 책을 읽을 수 있도록 만든 킨들(Kindle)이야. 킨들은 출시되자마자 세계 독서 시장과 컴퓨터 시장을 주도했고 새로운 기술 혁신을 주도했어. 킨들뿐만이 아니야. 세계 최초로 인공 지능을 사용한 무인 편의점과 스마트 스피커를 개발했고, 드론을 이용한 상품 배송, 동영상 스트리밍 서비스인 아마존 프라임 등을 연달아 선보였어. 아마존은 세계 기업의 흐름을 주도하는 실험들을 계속하며 세계 최대의 전자 상거래 회사에서 세계 최대의 브랜드 가치를 지닌 기업이 되었지.

물론 새로운 시도들이 늘 성공한 것은 아니야. 외부에 노출되지 않았지만 실패한 계획들도 무척 많지. 아마존의 주주들이 베이조스의 실험을 걱정하고 만류하는 까닭이기도 해. 하지만 베이조스는 주주들에게 이런 편지를 보냈어.

"아마존은 세상에서 가장 실패하기 좋은 회사이지만, 실패와

발명은 떨어질 수 없는 관계입니다. 아마존의 리더로서 제 업무 중 하나는 직원들이 대담해지도록 독려하고 의심하는 사람들의 반대에 맞서는 것입니다."

베이조스는 리더가 해야 할 일은 자신을 따르는 사람들의 창의력을 믿어 주고, 그들을 외부의 압력으로부터 보호해 주는 것이라 말했지. 시애틀의 허름한 주차장에서 시작된 작은 회사가 세계 최대의 회사가 된 비결도 여기에 있을지 몰라.

리더를 꿈꾸는 어린이에게 들려주는
제프 베이조스의 리더십 원칙

크게 생각하라
큰 결과를 얻기 위해서는 기존의 시야에 담기지 않는 큰 생각이 필요해. 리더는 작은 것에 집착하지 말고 큰 방침과 방향성을 마련해야 하지.

신속하게 판단하고 행동하라
사업에서 의사 결정 속도는 매우 중요해. 작은 실수는 나중에 바로잡을 수 있으므로 우물쭈물하지 않는 자세가 필요하지. 때로 리더는 눈앞에 빤히 보이는 위험을 감수해야 할 수도 있어.

신뢰를 구축하라
리더는 자신을 따르는 사람이 자신을 신뢰하게 만들어야 해. 그러기 위해서는 항상 주의 깊게 생각하고 말해야 하며, 구성원을 존중하고 그들의 이야기를 주의 깊게 들어주어야 하지. 리더 자신의 잘못이 있는 경우 솔직하게 인정해야 구성원의 잘못도 지적할 수 있어.

고객의 입장에 서라
회사의 리더는 자기 자신이 아니라 고객의 관점에서 생각하고 행동해야 해. 고객의 생각이 아무리 불합리하게 느껴진다고 하더라도 물건을 구매하는 것은 자신이 아니라 고객이기 때문에 항상 고객과 입장을 바꿔 생각해 봐야 해.

제프 베이조스 연보

1964 미국 뉴멕시코주 앨버커키에서 출생
1986 프린스턴 대학교를 최우수 성적으로 졸업
전자 공학 및 컴퓨터 사이언스 학위 취득
1994 아마존닷컴 설립
1995 인터넷에 온라인 서점 개설
1997 미국 주식 시장 나스닥에 아마존닷컴 상장
1998 아마존닷컴에서 음반과 비디오 판매 시작
1999 타임지 올해의 인물 선정
2001 경영 위기로 아마존닷컴 직원 1,300여 명 해고
다양한 물건을 판매하는 종합 쇼핑몰로 확장
2006 원격 컴퓨팅 서비스 아마존 웹 서비스 출시
2007 전자책을 읽고 보관하는 새로운 매체 킨들 제작
2018 브랜드 가치 세계 1위에 아마존닷컴 선정

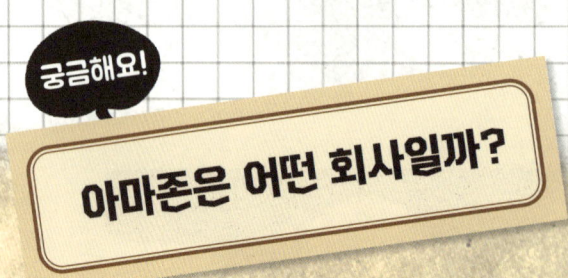

궁금해요!
아마존은 어떤 회사일까?

 **조그만 인터넷 서점에서 세계적인 온라인 쇼핑몰로**

아마존은 1995년 제프 베이조스가 인터넷 서점으로 시작한 기업이야. 음반, 비디오 등으로 점점 분야를 확대하다 생활 전반에 필요한 모든 물건을 판매하는 온라인 쇼핑 전문 기업으로 성장했지. 2019년 아마존닷컴의 시가 총액은 약 7970억 달러로 기업 규모 세계 1위를 차지했고, 일하는 임직원의 수가 79만여 명을 넘어섰을 만큼 거대한 기업이야.

 **점점 다양한 분야로 성장하는 아마존**

아마존은 온라인 쇼핑몰뿐 아니라 기업들에게 통신 서버를 임대하는 세계 최대의 클라우드 서비스를 출시했어. 그밖에도 유기농 제품 체인점, AI 스피커 제작, 건강 관리 서비스, 보험, 영상 콘텐츠 사업 등 기존의 사업 방식에 얽매이지 않고 다양한 분야로 사업을 확장하고 있어.

 **아마존이 성공한 이유**

아마존은 다른 온라인 쇼핑몰과 달리 물건을 구입하는 순간부터 고객의 집에 물건이 도착할 때까지 철저하게 소비자 중심으로 신속하게 배송할 수 있는 시스템을 갖추고 있어. 또한 아마존은 성공한 사업에 머무르지 않고 실패를 두려워하지 않으며 미래를 위한 다양한 사업에 공격적인 투자를 하고 있어.

제프 베이조스

한국인 최초의 국제기구 수장

2002년 8월 31일, 세계보건기구(WHO)의 수장 브룬틀란 사무총장은 나이가 많아 활발한 활동을 할 수 없으니 더 이상 사무총장직을 수행하지 않겠다고 언론에 발표했어. 기사가 실리자 세계 여론이 술렁거리기 시작했어. 세계보건기구는 많은 나라들이 연합하여 전 세계인의 건강과 질병 관리를 책임지는 국제기구로 유엔(UN) 소속이야. 그래서 누가 브룬틀란의 뒤를 이어 사무총장이 되느냐는 매우 중요한 관심사였어. 왜냐하면 누가 사무총장이 되느냐에 따라 세계 각지에서 유행하는 많은 질병 중에서 어떤 병에 우선 대응할 것인지 정책 방향이 변할 수 있기 때문이었지.

세계보건기구의 사무총장은 질병에 대한 탁월한 지식을 갖추어야 할 뿐 아니라 질병으로 고통받는 여러 나라에서 신뢰를 받아야 하는 정말 어려운 자리야. 사무총장이 되면 한 나라의 국가 원수급 대우를 해 주는 것도 이런 이유지.

브룬틀란의 뒤를 이을 사무총장 후보에 오른 사람은 총 여덟 명으로, 아프리카 모잠비크의 보건 장관과 국무총리를 지냈던 모쿰비, 유엔 에이즈 계획의 책임자였던 벨기에 출신의 피터 피오트, 브룬틀란의 심복이자 멕시코 보건 장관인 훌리오 프랭크 등이 그중 유력한 후보로 떠올랐지.

그런데 또 다른 유력한 후보로 한국의 이종욱이 있었어. 당시 이종욱은 세계보건기구에서 결핵 관리 국장을 맡고 있었는데, 이전에 백신 사업 국장으로 재직하는 동안 전 세계 소아마비 발생 확률을 만 명당 한 명 이하로 줄여 '백신의 황제'라 불릴 정도로 명성이 높았지.

선거 초기에는 아프리카 대륙의 지지를 받는 모쿰비, 유럽의 지지를 받는 피오트, 미국의 지지를 받는 훌리오 등이 이종욱과 팽팽히 대결했어. 앞서 말한 대로 어느 지역 출신이 되느냐에 따라 세계보건기구의 질병 정책이 달라질 수 있기 때문이었어. 그런데 이종욱은 특정 지역이 아니라 세계 곳곳에서 골고루 지

지를 받고 있었어. 1차 투표에서 이종욱이 12표로 1등을 했지만 과반수를 넘기지 못하자 다른 후보들의 표가 다른 유력한 후보들에게 이동하기 시작했어. 선거는 점차 피오트와 이종욱의 대결로 굳어졌지. 총 32표를 두고 이종욱과 피오트가 두 번 연속 16 대 16으로 동점 표를 얻자 투표장에는 긴장감이 감돌았어. 결국 세 번의 투표 끝에 결판이 났어. 이전 투표에서 피오트를 찍었던 한 사람이 생각을 바꿔 이종욱에게 투표를 했지. 한국인 최초로 선출직 국제기구 수장이 탄생한 거야.

의사를 꿈꾸다

이종욱은 한국이 아직 일제 강점기에 있던 1945년 4월 12일에 서울에서 태어났어. 종욱이 태어나고 얼마 지나지 않아 일본이 전쟁에서 패하고 민족의 기쁨인 해방이 찾아왔지. 당시 공무원이었던 종욱의 아버지는 일본이 물러간 자리를 대신해 나라를 새로이 세우는 일에 열중이었어. 그렇게 종욱네 식구는 그대로 행복하게 살 수 있을 거라 생각했었지.

하지만 해방이 된 지 5년이 지난 1950년, 나라에 그만 전쟁이 일어난 거야. 당시 미국과 소련(지금의 러시아)은 서로의 이념을 두고 대립하고 있었는데, 소련의 후원을 받은 북한이 남한에 쳐

들어온 거지. 서울이 점령되자 난리통에 경황이 없던 종욱 가족은 어머니와 종욱만 집에 남겨 놓고 북한군을 피해 뿔뿔이 흩어졌어. 우여곡절 끝에 전쟁이 끝났고 멀리 떨어져 고생하던 가족들이 다시 서울로 돌아왔어. 지독하게 아픈 세월이었지.

전쟁 후 아버지가 서울 시청에서 근무한 덕분에 종욱의 어린 시절은 비교적 유복한 편이었어. 태도에도 여유가 있었고 유머감각도 있었어. 그래서인지 사람들에게 인기가 좋았고 친구들도 종욱을 믿고 따랐지. 하지만 아버지가 갑작스레 돌아가셨고 종욱의 집은 점차 어려워졌어. 생계를 위해 종욱의 형 종빈이 출판업을 시작했지만 곧 망해서 종욱의 집은 더 어려워졌어. 하지만 종욱은 친구들에게 자신의 힘든 사정을 이야기하지 않고 늘 명랑한 태도를 유지했지. 그래서 친구들은 종욱의 어려운 사정을 전혀 몰랐다고 해.

집안이 어려워졌어도 종욱은 공부에 몰두했어. 공부만이 살 길이라고 생각했던 거야. 처음에는 건축 공부를 했어. 하지만 군대를 갔다 오고 난 후 생각이 바뀌어서 의학 공부를 시작했지. 의사가 가장 안정적인 일이라는 어머니의 설득이 영향을 미쳤는지도 몰라. 시작이 늦었던 탓에 종욱이 서울 대학교 의과 대학에 입학했을 때는, 다른 학생들보다 7살이나 많았어.

친구들보다 일곱 살이나 많은 건 조금 불편한 일이었지만 장점도 있었어. 나이는 많지만 명랑한 성격이었기 때문에 학교에서 일어나는 어려운 일에는 전부 종욱이 대표로 나서게 된 거지. 친구들은 어려운 일을 도맡아 하는 종욱을 진심으로 존경하고 따랐어.

  의과 대학을 졸업한 종욱은 보건소에서 일하다 어느 날 한센병 환자들이 살고 있는 성 라자로 마을에 봉사를 하러 갔어. 이곳에서 종욱은 평생을 같이할 부인 레이코를 만나게 돼. 레이코는 일본 출신의 선교사였는데 두 사람은 어려운 사람을 위해 봉사하는 서로의 마음을 느끼고 결혼을 하게 되었어. 그뿐이

아니야.

 미국인 군의관 헤스도 봉사를 하던 도중에 알게 되었어. 종욱의 남다른 총명함을 알아본 헤스는 종욱을 미국으로 초대해 더 큰 세계에서 공부할 수 있도록 도와주기로 마음먹었지.

백신의 황제

 하와이로 건너간 종욱은 질병을 예방하고 여러 사람의 건강을 지키는 학문인 공중 보건학을 공부했어. 종욱은 더 많은 사람들이 건강한 삶을 누리는 세상을 꿈꾸며 노력했어.

 그러던 어느 날 뜻밖의 일이 일어났어. 종욱이 한국에서 한센병 환자들을 위해 봉사한 경험을 알게 된 세계보건기구에서 종욱에게 피지 지역의 한센병 담당 의무관으로 와 줄 수 있는지 물어본 거야. 종욱은 기뻐하며 담당자들을 찾아갔어. 무척 원하던 자리였기 때문에 조금도 기다리고 싶지 않았어. 기회가 오면 행동으로 옮기는 종욱의 성격이 드러난 거지.

 세계보건기구에서 일을 시작한 종욱은 의료 지원을 받지 못하는 섬이나 오지로 직접 찾아가서 아픈 사람들을 치료하기 시작했어. 한센병 치료에 도움을 줄 수 있는 여러 연구들도 함께 진행했지. 또한 종욱은 함께 일하는 사람들을 차별하지 않고 모두 친근하고 평등하게 대했어. 그러다 보니 자연스럽게 신뢰가 쌓여 갔고 종욱의 이름은 점점 널리 알려졌어. '아시아의 슈바이처'라는 별명이 생긴 것도 이 때문이야. 종욱의 소문을 들은 세계보건기구는 종욱을 서태평양 지역 질병 관리 국장으로 임명했지.

필리핀의 마닐라에서 질병 관리 국장으로 일하던 종욱은 소아마비, 결핵, 파상풍 등을 예방하는 백신에 관한 업무를 맡았어. 일 처리가 남달랐던 종욱은 부하 직원들과 함께 놀라운 성과를 냈지. 그러던 중 놀라운 일이 일어났어. 질병으로 고통받는 어린이들을 구하자는 백신 보급 운동이 일어난 거야. 세계적으로 유명한 정치가들과 기업가들이 이 운동에 합류하면서 어린이 백신 사업을 위해 쓸 많은 자금이 모였어. 문제는 이 운동을 책임지고 이끌 사람이 누가 되어야 하는가였어. 누구의 이익에도 치우치지 않고 공정하게 할 수 있는 사람 말이야. 그런데 이런 중요한 자리를 종욱이 맡게 되었어. 그동안 종욱을 지켜보던 사람들이 모두 종욱을 추천했거든.

어린이 백신 사업의 책임자가 된 종욱은 가장 먼저 아프리카와 아시아의 가난한 지역에 있는 어린이들을 위해 백신 보급을 확대했어. 그동안 미국이나 유럽에 비해 열악한 환경에 처해 있던 수많은 어린이들이 백신 덕분에 질병에서 벗어나 건강을 얻을 수 있게 되었지. 또한 에이즈라는 무서운 질병을 앓고 있는 사람들에게도 치료제를 공급하여 많은 사람들의 목숨을 구하기도 했어. 이런 활동들을 통해 여러 사람에게 인정받은 종욱은 미국의 권위 있는 과학 잡지 〈사이언티픽 아메리칸〉에 의해 '백신의 황제'라는 멋진 별명도 얻게 돼.

맨 오브 액션

어린이 백신 보급 사업이 성공적으로 끝나자 종욱은 다시 새로운 분야로 향했어. 이번에는 매우 위험한 전염병인 결핵을 관리하는 자리로 이동했어. 여기에서도 종욱은 유능한 인재를 등용하고 결핵 퇴치를 위해 국제적인 협조 체계를 마련하는 등 큰 성과를 보였지. 그래서 사람들은 무엇을 하든 적극적인 행동으로 결과를 이끌어 내는 종욱을 '행동하는 사람'이라는 뜻으로 '맨 오브 액션'이라고 불렀어.

결핵 퇴치에 앞장선 종욱은 더욱 효과적인 질병 퇴치를 위해 세계보건기구의 사무총장으로 일하고 싶었어. 마침 전임 사무총장이 그만두었기 때문에 둘도 없는 기회였지. 종욱은 이번에도 망설이지 않고 행동했어. 많은 사람의 지지를 등에 업고 선거에 나가기로 한 거야. 치열한 투표 끝에 마침내 종욱은 한국인 최초로 세계보건기구의 사무총장이 되었어. 취임사로 이런 멋진 말을 남겼지.

"우리는 올바른 장소에서 올바른 방법으로 올바른 일을 해야 합니다."

사무총장이 된 후에도 종욱은 함께 일하는 사람들에게 늘 행동을 강조했어. 행동하지 않으면 아무것도 이루어지지 않는다며 말이야. 또한 종욱은 늘 검소하게 생활했어. 세계보건기구의 운영비에는 가난한 나라들의 부담도 포함되어 있다고 입버릇처럼 말을 했었지. 하지만 종욱은 임기를 마치기 전에 안타깝게도 일찍 세상을 떠났어. 종욱이 죽고 장례식이 치뤄지는 동안 코피 아난 당시 유엔 사무총장이 "세계는 오늘 위대한 인물을 잃었습니다."라는 애도의 말을 남기기도 했지. 종욱은 이처럼 보이지 않는 곳에서도 끊임없이 희생하고 행동하는 위대한 의사의 삶을 살았어. 생명을 소중히 여겼던 그의 숭고한 정신을 앞으로도 전 세계가 잊지 않고 기억할 거야.

{ 리더를 꿈꾸는 어린이에게 들려주는 }
이종욱의 리더십 원칙

모두에게 친절하고 평등하게 대하라
국제기구는 다양한 인종과 사회적 직위를 가진 사람들이 함께 일하는 곳이야. 그러므로 인종이나 직위에 상관 없이 모두를 평등하고 친절하게 대해야 해. 그렇지 않으면 사람들의 협력을 얻을 수 없어.

함께 일하는 사람의 전문성을 존중하라
국제기구는 담당하는 지역과 업무가 넓기 때문에 아무리 뛰어난 사람이라도 혼자서는 일할 수 없어. 전문성을 지닌 인재를 선발하고 그 사람이 소신껏 일을 할 수 있는 환경을 만들어 주어야 해.

공정하게 판단하라
공적인 업무를 처리할 때는 공정하고 객관적인 기준으로 판단해야 해. 능력이 부족한데도 나와의 친분이나 이익만을 생각해 결정한다면 실패할 확률이 높아.

옳다고 결심하면 망설이지 말고 행동하라
어떤 일이 정말 옳다고 판단되면 성공이나 실패 같은 조건에 대해서 고민하지 말고 적극적으로 행동해야 해. 그러면 그 일이 옳다고 믿고 지지하는 다른 사람들이 도와줄 수 있어.

이종욱 연보

1945	서울 북아현동에서 5남 2녀 중 넷째로 태어남
1966	군에 입대해 통역병으로 근무
1970	서울 대학교 의과 대학에 입학
1976	성 라자로 마을에서 한센병 환자를 돌보는 봉사 활동 시작
1979	하와이로 건너가 공중 보건학 공부
1983	피지에서 세계보건기구 남태평양 지역사무처 한센병 자문관으로 근무
1991	세계보건기구 서태평양 지역사무처 질병 관리 국장으로 근무하며 소아마비 퇴치 활동
1994	세계보건기구 어린이 백신 사업 국장 역임 소아마비 발생률 만 명당 한 명 이하로 감소시켜 '백신의 황제'로 불림
2000	세계보건기구 결핵 국장 취임. 북한에 방문하여 결핵 치료제 지원
2003	제6대 세계보건기구 사무총장으로 선출됨
2004	세계에서 가장 영향력 있는 100인에 선정됨
2006	뇌혈전으로 인해 사망

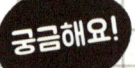

세계보건기구는 어떤 곳일까?

전 세계가 참여하는 국제기구

1948년 국제 평화와 협력을 위해 세계 각 나라들이 가입하여 조직한 국제연합(UN)의 산하 기구로 설립된 단체야. 2015년 기준 가입국은 194개국으로 거의 모든 나라가 회원국이지. 그중에서 사무총장 투표권을 가지는 집행이사국은 32개국이며, 사무총장 임기는 5년이야. 또한 헌장에 따라 여섯 개 지역 위원회가 설치되어 있으며 관할 구역은 각각 서태평양, 동남아시아, 남북아메리카, 아프리카, 중동, 유럽으로 구분되어 있어.

세계인의 건강을 위해

세계보건기구의 목적은 전 인류가 최고 수준의 신체적, 정신적 건강을 누릴 수 있는 것을 목적으로 치료약을 표준화하고, 전염병을 통제하는 데 있어. 또한 각 나라 사이 보건 사업의 지도와 조정, 의료 지원 등을 담당하고 영양, 주거, 위생, 직장 등의 환경을 개선하는 역할도 함께 수행하고 있지. 세계보건기구는 세계를 위기로 몰아넣었던 말라리아, 결핵, 성병 등을 퇴치하거나 줄이는 데 큰 성과를 거두었어.

세계보건기구에서 일하고 싶다면?

아무래도 다양한 국가의 사람들이 함께 일하는 국제기구이기 때문에 영어를 비롯한 다양한 언어 구사 능력과 해외 경험이 있으면 유리해. 또한 의료 분야는 전문적인 지식이 필요하므로 해당 지원 분야의 석사 학위 정도의 능력과 2~5년 사이의 실무 경험이 있으면 도움이 될 수 있어.

또 세계보건기구는 정기적으로 직원을 선발하는 것이 아니라 직원의 결원이 있을 경우 선발하는 방식이야. 그래서 수시로 세계보건기구 홈페이지를 살펴 직접 지원하거나, 매년 2월 국제기구 초급 전문가 과정을 통과하는 방법이 유용해. 이외에도 국제기구에서 운영하는 젊은 전문가 프로그램이나 인턴십 프로그램에 지원하거나 유엔 자원봉사단에 참여해서 경력을 쌓은 후 특채되는 방법도 있어.

이종욱

남아프리카 공화국 최초의 흑인 대통령

　시원한 바람이 이마에 흐르는 땀을 식혀 주는 상쾌한 오후였어. 남아프리카공화국의 수도 케이프타운에 자리한 어느 고급 저택에서 한 가족이 분주하게 짐을 싸고 있었어. 새하얀 대리석으로 지은 집의 정원에서 신나게 뛰어놀고 있는 아이들과 달리 아빠와 엄마의 얼굴은 굉장히 초조한 표정이었어. 마치 누군가에게 쫓기는 것 같았지. 엄마 아빠의 분위기가 평소와 다른 것을 아이들도 느꼈는지 노는 걸 그만두고 달려가 돕기 시작했어.
　다른 집들의 분위기도 이 집과 비슷했어. 저택이 자리한 마을의 이웃 사람들 거의 전부가 가만히 집에 있지 못하고 바깥으로 나와 웅성거리고 있었어. 사람들은 걱정스러운 얼굴로 주변 사람들과 이야기를 나누었어.

"이제 우리는 어떡하죠?"

"글쎄요. 옆집처럼 저희도 곧 외국으로 떠나려고요."

얼핏 담담하게도 들렸지만 사람들의 소리에는 조금씩 두려움이 묻어나고 있었어. 어떤 사람들은 가슴이 답답하다는 듯이 한숨을 깊이 내쉬기도 했지. 흥미로운 것은 마을 사람들이 모두 백인들이었다는 거야.

마을 전체가 소란스러운 건 이곳뿐만이 아니었어. 고급 주택가에서 멀리 떨어진 가난한 사람들이 모여 사는 곳도 사람들이 모두 거리로 나와 웅성거리고 있었지. 하지만 그곳의 분위기는 백인들이 모여 사는 곳과 전혀 달랐어. 사람들의 얼굴에는 흥분, 기쁨, 즐거운 감정들로 넘쳤지. 모두가 신이 나서 처음 보는 사람들과도 어깨를 두드리며 악수를 하거나 꼭 안아 주었어. 그 사람들의 피부색은 모두 검은색이었지. 잠시 후 뉴스가 시작되자 사람들은 모두 조용히 광장에 놓인 텔레비전으로 시선을 모았어. 텔레비전에는 남아프리카 공화국의 선거 관리 위원이 나와 있었어.

"남아프리카 공화국 대통령 선거 개표가 완료되었습니다. 자, 이제 결과를 발표하겠습니다. 개표 결과, 대통령으로 당선된 후

보는 넬슨 만델라입니다."

선거 결과가 발표되자 텔레비전 앞에 있던 흑인들이 모두 환호성을 질렀어. 하지만 백인들은 고개를 절레절레 흔들거나 땅을 보며 한숨을 쉬었지. 두 마을의 분위기가 다른 이유는 간단해. 이전까지 남아프리카 공화국은 분리, 또는 격리라는 뜻을 가진 '아파르트헤이트'라는 최악의 인종 차별 정책을 통해 흑인을 핍박하던 나라였기 때문이야.

흑인들은 허가를 받지 않으면 백인들이 사는 구역에 갈 수 없었을 뿐 아니라 투표권도 없어서 정치에 참여하지 못했어. 아파르트헤이트라는 불합리한 제도 때문에 백인들은 대우를 받고 흑인들은 고통받고 있었던 거야. 흑인들은 이런 불공평한 정책에 끈질기게 저항했고 마침내 흑인 대통령을 당선시킴으로써 저항의 결실을 얻게 되었지. 그 저항의 선두에 서 있던 사람이 바로 남아프리카 공화국 최초의 대통령이 된 넬슨 만델라라는 사람이야.

장난꾸러기

넬슨 만델라는 1918년, 남아프리카 공화국의 작은 마을 쿠누에서 템 부족 족장의 아들로 태어났어. 만델라가 태어났을 때

아버지가 지어 준 이름은 나뭇가지를 잡아당기는 식으로 장난을 자주 친다는 뜻의 롤리흘라흘라였지. 그 이름 덕분인지 만델라는 고향인 쿠누 마을에서 또래 친구들과 장난을 치며 행복한 어린 시절을 보냈어. 앞으로 다가올 고난을 생각하면 만델라의 삶에서 가장 행복했던 시기이기도 했지.

중학교에 입학한 만델라는 많은 게 이상했어. 학교 교과서에 등장하는 훌륭한 사람들은 모두 다 백인뿐이었어. 반면에 도둑이나 강도 같은 나쁜 사람들은 전부 흑인으로 묘사되어 있었지. 만델라는 삼촌에게 그 이유를 물었어. 삼촌은 만델라에게 역사적으로 흑인은 백인에게 차별받아 왔다는 것을 알려 주었지. 하지만 아직 어린 만델라에게 인종 차별은 그리 심각한 일로 다가오지는 않았어.

만델라가 처음으로 인종 차별의 심각성을 느낀 건 법학을 배우기 위해 포트헤어 대학교에 들어간 다음이야. 어느 날 같은 대학교에 다니던 흑인 친구가 아무 이유 없이 백인에게 모욕을 당한 거야. 그런데도 경찰이 흑인만 집중적으로 검문하는 모습은 만델라에게 인종 차별의 현실을 깨닫게 해 주었지. 그 뒤 만델라는 학생 회장이 되어 친구들의 인권을 위해 적극적으로 나섰어. 대학교에서는 이런 만델라를 마음에 들어하지 않았고 결국 만델라는 정학을 당했지.

　학교에서 쫓겨난 만델라는 금 생산지로 유명한 요하네스버그의 광산에서 금을 캐는 광부로 일하기 시작했어. 광산 일은 무척 위험했고, 힘든 일도 많았지. 그러다 친척의 도움으로 법률 회사에 조수로 들어가게 돼. 만델라는 바쁘게 일하는 틈틈이 돈을 모아서, 비트바테르스란트 대학교에 다시 정식으로 입학해 법학을 공부했어.

　만델라가 법학에 관심을 가진 이유는 법이 인종 차별 정책의 불합리함을 증명하고, 차별에 더 효과적으로 저항할 수 있는 수

단이었기 때문이야. 하지만 대학교에서 만델라는 운동장, 기숙사, 수영장 등을 이용할 수 없었어. 모두 백인 전용 시설이었기 때문이지.

그러던 어느 날, 버스 회사가 버스 요금을 올리겠다는 발표를 했어. 소식을 접한 만델라는 화가 났어. 요금이 오르면 돈이 없는 가난한 흑인들은 버스도 타지 못하고 힘들게 걸어다녀야 했거든. 만델라는 친구들과 함께 요금 인상에 반대하며 버스 타지 않기 운동을 시작했어. 운동이 성공을 거두어서 아무도 버스에 타지 않자 버스 회사는 요금 인상을 없었던 일로 했지. 이 일로 만델라는 사람들이 힘을 모으면 세상을 바꿀 수 있다는 걸 알게 되었어.

기나긴 고난의 길

만델라는 자신과 뜻을 같이하는 친구들인 월터 시술루, 올리버 탐보와 함께 인종 차별에 반대하고 흑인 인권을 위하는 시민 단체인 아프리카 민족 회의(African National Congress : ANC)에 가입하게 돼. 변호사 시험에도 합격해서 흑인으로는 최초로 법률 사무소를 열어 흑인들의 인권을 위해 변호를 하기도 했지. 당시 만델라가 생각했던 인종 차별 저항 방법은 인도의 독립운동

방식으로 널리 알려진 간디의 불복종과 비폭력을 통한 저항이었어.

하지만 남아프리카 공화국 정부는 점점 더 노골적인 아파르트헤이트 정책을 통해 흑인을 더욱 무시했어. 만델라는 흑인들의 거주 지역인 소웨토에서 인종을 기준으로 사람을 분리하는 것을 반대하는 내용을 담은 〈자유 헌장〉을 발표했지. 많은 사람들이 만델라의 의견에 귀를 기울이자 남아프리카 공화국 정부는 아무 죄도 없는 만델라를 국가 반역죄로 몰아 체포한 후 6년 가까이 가둬 버렸어.

억울하게 감옥에 있는 동안 만델라는 끔찍한 소식을 듣게 돼. '샤프빌'이라는 곳에서 아파르트헤이트 반대를 외치던 시민과 대학생이 경찰의 총격으로 예순아홉 명이 죽고 수백 명이 부상을 입은 거야. 이 샤프빌 학살은 만델라의 생각을 크게 바꿔 놓았어. 비폭력 운동만으로는 끔찍한 인종 차별 정책을 해결할 수 없다는 생각이 든 거지. 국가 반역죄에 대한 증거가 없자 정부는 어쩔 수 없이 만델라를 풀어 주었어. 감옥에서 나온 지 3개월 만에 만델라는 인종 차별에 대항하는 '민족의 창'이라는 비밀 무장 조직을 만든 후 총사령관의 자리에 오르게 돼.

만델라에게 필요한 건 이제 법학보다는 무장 투쟁을 위한 전략 전술 그리고 조직을 이끌기 위한 군사 지식이었어. 남아프리카 공화국에서 흑인이 이런 지식들을 배우기는 어려웠지. 그래서 만델라는 남아프리카 공화국에서 멀리 떨어진 에티오피아로 떠나 군사 훈련을 받았어. 만델라는 에티오피아에서 열린 국제 회의에도 참석해 세계 여러 나라들에게 남아프리카 공화국에서 벌어지고 있는 인종 차별 정책과 끔찍한 사건들을 고발하고, 이를 금지하기 위한 경제적 제재를 호소했어.

만델라가 귀국하자 남아프리카 공화국 정부는 다시 만델라를 불법 여행과 파업 선동 등의 죄목으로 감옥에 가두었어. 처음에는 징역 5년이 선고되었지만, 만델라가 생각보다 더 위험 인물이라는 걸 깨달은 정부는 내란 혐의를 덧씌워 감옥에서 평생 나올 수 없도록 무기 징역을 선고했어.

진실과 화해

그로부터 만델라는 무려 27년 동안 비좁은 감옥에 갇혀 있게 되었어. 그 긴 세월 동안 만델라를 사랑해 주던 어머니가 돌아가시고, 만델라가 사랑하던 아들도 교통사고로 죽었어. 하지만 정부가 허가를 내주지 않아 만델라는 장례식에도 참석하지 못했지. 한 사람이 견뎌 내기에는 너무나 힘든 일생이었어. 그러나 만델라는 절망에 굴복하거나 좌절하지 않았어. 자신이 뜻을 굽히지 않고 버틸 수만 있다면 언젠가는 자유인으로 드넓은 아프리카 대륙을 자유롭게 다닐 수 있다고 믿었지.

너무 오랜 기간 갇혀 있다 보니 세계에서도 만델라를 주목하기 시작했어. 인종 차별 반대 운동을 펼친 만델라는 자와할랄 네루상, 브루노 크라이스키 인권상 등을 수상하며 세계 인권 운동의 상징이 되었지. 세계는 만델라를 가둔 남아프리카 공화국에도 관심을 두기 시작했어. 세계 각 나라들은 남아프리카 공화국이 인종 차별 정책을 지속할 경우 남아프리카 공화국과는 제한적으로 무역을 하는 등 경제적으로 불이익을 주겠다고 이야기했지.

만델라에 대한 세계적인 관심과 각지의 여론이 인종 차별 정책을 폐지하도록 압력을 가하자 남아프리카 공화국 정부는 더 이상 견디지 못하고 만델라를 석방하는 한편, 흑인에 대한 각종 차별 정책을 폐지하기로 결정했어. 27년 만에 만델라가 감옥에서 나오는 순간 수많은 군중들이 환호성을 지르며 만델라를 맞이했지. 그 뒤 만델라는 백인이었던 남아프리카 공화국 대통령과 협의를 거쳐 흑인을 비롯한 모든 국민이 참여할 수 있는 대통령 선거를 치르기로 합의하고 공동으로 노벨 평화상을 수상했어.

1994년 4월, 마침내 역사상 최초로 모든 인종이 참여하는 대통령 선거가 치러졌어. 만델라는 아프리카 민족 회의 후보로 나와서 투표자 60퍼센트 이상의 지지를 받아 대통령에 당선되었어. 이를 지켜본 모든 흑인들은 드디어 차별의 역사가 끝났다며 환호성을 질렀지.

그러나 기분이 그리 좋지 않은 사람들도 있었어. 이전까지 특권 계급이었던 백인들이야. 백인들은 만델라가 대통령이 되면 백인들에게 사적으로 보복할 것이라 생각했어. 어떤 사람들은 나라를 떠나기도 했고, 남은 사람들도 불안해했지. 하지만 만델라는 어떠한 사적인 보복도 하지 않았어. 만델라는 보복은 또 다른 보복을 불러올 뿐이라 생각했지.

만델라는 '진실과 화해 위원회'라는 기구를 만들었어. 이 기구에서는 과거에 일어난 범죄를 백인과 흑인을 가리지 않고 공평히 조사했어. 처벌받아야 할 범죄들은 처벌하고, 용서해야 할 일은 용서했지. 만델라의 공평한 조사 덕분에 백인들도 안심하고 흑인들과 함께 남아프리카 공화국에서 지낼 수 있게 된 거야.

만델라는 대통령 임기를 마친 후, 흑인과 백인이 공존하는 세상, 모든 사람들이 평화롭게 사는 세상을 바라는 마음으로 세계 각지를 돌아다니며 화해와 용서의 정신을 알렸어. 평생을 흑인 인권을 위해 노력한 만델라는 2013년 파란만장했던 삶을 마감했지. 하지만 평화를 위한 만델라의 뜻은 세계 여러 나라의 사람들에게 지금도 이어지고 있어.

리더를 꿈꾸는 어린이에게 들려주는
넬슨 만델라의 리더십 원칙

뒤에서 이끌며 다른 사람들이 나설 수 있도록 도와라
한 사람의 의견보다 여러 사람의 의견이 문제 해결에 도움이 될 수 있어. 그러므로 리더는 경청하는 태도를 통해 그룹의 구성원들이 적극적으로 참여하여 문제를 해결할 수 있도록 유도해야 해.

친구는 가깝게, 경쟁자는 더 가깝게 두어라
친구는 내가 힘든 상황에 처해 있을 때 나를 도와줄 수 있는 사람이야. 그런데 친구만큼이나 가까이에 두어야 할 사람이 바로 경쟁자야. 경쟁자가 싫다고 해서 멀리하면 정보를 알 수 없어 상황을 통제할 수 없는 경우가 생길 수 있어. 그래서 항상 가까이에서 경쟁자를 살펴야 해.

표정은 항상 밝게 하라
리더의 표정이 어두우면 그룹 구성원 전체가 영향을 받아 그룹의 분위기가 가라앉을 수 있어. 가급적이면 리더는 항상 웃는 표정으로 그룹의 분위기를 좋게 유지하는 게 좋아.

용서하되 잊지 않아야 한다
세상에는 완벽하게 나쁜 사람도 좋은 사람도 없어. 나쁜 사람에게도 좋은 면이, 좋은 사람에게도 나쁜 면이 있을 수 있지. 그러니까 어떤 사람이 잘못을 했더라도 뉘우치면 용서해야 해. 하지만 반복되지 않도록 잊지 않는 것도 중요해.

넬슨 만델라 연보

- **1918** 남아프리카 공화국 쿠누에서 부족장의 아들로 출생
- **1943** 인종 차별에 대한 문제 의식을 가지고 포트헤어 대학교 졸업
- **1944** 아프리카 민족 회의 내부에 청년 연맹 결성
- **1952** 남아프리카 공화국 최초로 흑인 법률 사무소 설립
- **1956** 자유 헌장 발표 후 반역죄로 체포되어 6년 가까이 구금
- **1961** 감옥에서 나온 후 무장 투쟁 조직인 '민족의 창' 설립, 비폭력에서 무장 투쟁으로 노선 변경
- **1964** 내란 혐의로 무기 징역을 선고 받아 감옥에 갇힘
- **1990** 27년 간 수감 생활을 마친 후 석방
- **1993** 남아프리카 공화국 대통령과 회담을 통해 평화로운 대통령 선거 개최를 합의하여 공동으로 노벨 평화상 수상
- **1994** 흑인 최초로 남아프리카 공화국 대통령에 당선
- **2013** 자택에서 세상을 떠남

남아프리카 공화국은 어떤 나라일까?

살기 좋은 자연 환경을 가진 나라

남아프리카 공화국은 아프리카 대륙 남쪽 끝에 자리한 나라야. 아프리카는 매우 더울 것이라는 우리의 생각과 달리 남아프리카 공화국은 사람들이 살기에 그리 덥지 않은 아열대성 온대 기후야. 게다가 산이 많아 도시의 대부분이 해발고도 900~1,200미터 사이에 있어. 그래서 평균 기온이 그리 높지 않지.

남아프리카 공화국은 아름다운 자연 환경뿐 아니라 금, 백금, 다이아몬드 등 지하자원이 풍부한 나라야. 아프리카 대륙에서도 가장 풍요로운 나라에 해당하지.

인도로 가는 바닷길

오래전부터 남아프리카 공화국은 향신료 무역을 위해 인도로 진출하고자 했던 유럽의 강대국들이 큰 관심을 보였던 나라야. 유럽에서 출발해서 아프리카 대륙의 해안선을 따라 항해하면 대륙의 끝에 자리한 남아프리카 공화국이 나와. 거기서 방향을 바꾸면 인도로 가는 바닷길이 보여. 유럽 사람들에게 그곳은 인도로 갈 수 있다는 희망을 주는 곳이었지. 남아프리카 공화국 케이프 반도의 남쪽 끝을 희망봉이라고 부르는 이유도 여기에 있어. 그 때문에 남아프리카 공화국은 긴 역사 속에서 오랜 시간 동안 유럽의 식민지가 되기도 했지.

아파르트헤이트

남아프리카 공화국을 지배하던 유럽인들은 효과적인 통치를 위해 흑인과 백인을 분리하여 백인에게 특권을 주고 흑인을 차별하는 아파르트헤이트 정책을 펼쳤어. 이 정책은 세계인들의 비난을 받았고 남아프리카 공화국은 국제 올림픽 위원회(IOC)에서 제명되기도 했어.

하지만 만델라가 대통령이 된 이후 법적으로 흑인과 백인 사이에 존재하던 공식적인 차별은 사라지게 되었지. 하지만 오랜 기간 지속되었던 인종 차별의 후유증으로 아직 국민들 사이의 평등은 완벽하게 이루어졌다고 말하기는 힘들어.

상상하는 리더십은 스티븐 스필버그처럼!

"나는 밤에 꿈을 꾸지 않고 낮에 꿈을 꾼다."

쉰들러 리스트

1982년 어느 날, 전 세계 영화 사업을 주도하는 영화 제작사들이 모여 있는 할리우드 거리의 어느 사무실에는 당시 최고의 히트작이었던 〈E.T.〉를 만든 스티븐 스필버그가 앉아 있었지. 인기 있는 영화를 만들다 보니 스티븐 스필버그에게는 매일 같이 새로운 시나리오들과 소설들이 들어오고 있었어. 한 사람이 읽기에는 너무 많은 분량이었지.

그중에 스티븐 스필버그의 눈을 사로잡는 제목이 있었어. 《쉰들러의 방주》라는 소설이었지. 이 소설은 제2차 세계 대전 동안 나치에 의해 탄압을 받던 유대인을 한 독일인이 위험을 무릅쓰고 구해 주는 내용이었어. 소설의 스토리에 감동을 받은 스티븐 스필버그는 즉시 제작사를 불러 소설을 영화로 만들 테니 판권을 사 달라고 부탁했어. 워낙 인기 있는 감독이었기에 제작사는 스티븐 스필버그의 부탁을 들어주었지. 하지만 늘 사람들을 즐겁게 하는 영화를 만들던 스필버그가 왜 무거운 주제를 다룬 소설을 영화로 만들려고 하는지 이해되지 않았어.

이는 원작을 쓴 소설가도 마찬가지였나 봐. 소설가는 스티븐 스필버그에게 이 소설을 언제 영화로 만들 거냐고 물었지. 스티븐 스필버그는 지금은 어렵지만 앞으로 10년만 기다려 달라고 했어. 그때가 되면 반드시 영화로 만들겠다고 약속을 했지. 소설가는 그 말이 믿기지 않았겠지만 어쨌든 고개를 끄덕이며 사무실을 나섰지.

10년이 지났어. 그동안 스티븐 스필버그는 신비한 현상들을 다룬 〈환상특급〉, 고대의 보물을 찾는 고고학자의 모험을 그린 〈인디아나 존스〉 등의 영화를 만들며 최고의 시절을 보내고 있었지. 그럼에도 10년 전의 약속을 잊지 않았어. 나치 때문에 희생된 사람들의 영화를 만들기 위해 계속 고민하고 있었던 거야. 스필버그는 친분이 있는 다른 감독들에게 소설을 주제로 영화를 만들어 달라고 부탁했어. 하지만 너무 무거운 내용이라며 거절하거나, 스티븐 스필버그에게 직접 찍는 게 좋겠다고 이야기했지.

그러던 어느 날 스티븐 스필버그에게 영화 제작사가 찾아왔어. 영화 제작사는 다음 작품은 마음대로 찍게 해 줄 테니 우리가 제작하는 이 영화만은 반드시 감독해 달라고 부탁했지. 그 영화가 바로 전 세계에 공룡 열풍을 불러일으킨 〈쥬라기 공원〉이야. 아주 오래전 멸종했던 공룡을 현대에 되살리다 재난을 겪는다는 내용이지. 영화가 대히트를 기록하자 스필버그의 마음도 조금 가벼워졌어. 다음 영화가 실패하더라도 영화사에 부담을 덜 줄 수 있었기 때문이야.

그때부터 스티븐 스필버그는 오랫동안 자신의 마음을 잡고 놓아 주지 않는 쉰들러의 이야기로 파고들어 갔어. 성공한 사업가가 아무 관계없는 유대인들을 살리기 위해 자신의 삶을 건 쉰들러의 이야기는 스티븐 스필버그의 마음을 계속해서 울리고 있었지. 마침내 소설의 판권을 산 지 정확히 10년째 되는 해에 〈쉰들러 리스트〉라는 영화를 찍었어. 흥미로운 것은 스필버그가 이 영화를 컬러가 아닌 흑백으로 찍겠다고 한 거야. 제작사는 컬러 영화가 유행하는 시기에 왜 흑백 영화냐고 했지만 스필버그는 고집을 굽히지 않았지. 영화가 실패하더라도 영화를 보는 관객에게 참혹한 당시의 시절을 그대로 느끼게 하고 싶었던 것 같아. 제작사는 실패가 뻔한 이 영화를 마음에 들어 하지 않았지만 스필버그의 기분을 상하지 않게 하기 위해 억지로 개봉을 했어.

영화사의 생각과 달리 인간에 대한 애정을 담은 이 영화는 전 세계적으로 대히트를 거두게 되었지. 다음 해인 1994년, 전 세계 영화인들이 주목하는 제66회 아카데미 시상식이 열렸어. 스티븐 스필버그는 그동안 무수히 많은 좋은 영화들을 만들었지만 아카데미상은 못탔어. 하지만 시상식은 시작부터 〈쉰들러 리스트〉의 독무대였어. 영화는 무려 열두 개 부문에 수상 후보로 올라갔고 그중에서 그해 최고의 상인 작품상, 감독상을 비롯해 일곱 개 부문의 상을 수상했어. 스티븐 스필버그가 감독한 또 다른 영화인 〈쥬라기 공원〉도 세 개 부문에서 수상했어. 말 그대로 1994년은 스티븐 스필버그의 해가 된 거야.

학교 가기 싫은 아이

스티븐 스필버그는 1946년 미국 오하이오주 신시내티에서 유대인인 아놀드 스필버그와 레아 아들러의 아이로 태어났어. 스필버그의 할아버지는 원래 러시아에 살던 유대인이었는데 러시아에 전쟁이 벌어져서 1906년 미국으로 건너왔어. 독일 유대인들이 나치의 학살을 피해 유럽에서 미국으로 건너온 것처럼 말이야.

당시 유대인들은 유럽과 미국의 많은 사람들이 믿는 그리스도교를 믿지 않았기 때문에 사람들에게 은근히 차별을 받았어. 스필버그도 마찬가지였어. 학교에서 아이들은 스필버그를 따돌리고 잘 놀아 주지 않았지. 때로는 분수대에 머리를 박게 하거나 땅바닥에 굴리기도 했어. 그래서인지 스필버그의 학교생활은 별로였어. 시험 점수는 항상 평균보다 조금 낮았고, 친구들은 스필버그를 이상한 아이, 겁쟁이, 멍청한 아이라고 불렀지. 학교 선생님도 스필버그를 자신감이 없고 수줍음을 많이 타는 아이라고 기억했어.

스필버그가 좋아하는 곳은 학교가 아니라 집이었어. 아빠는 잠들기 전에 항상 스필버그와 동생들을 불러 다양한 이야기를 들려주었어. 아이들이 주인공이 되어 과거로 떠나거나 동굴을 탐험하는 환상적인 이야기들을 말이야. 스필버그는 아빠의 이야기를 눈을 반짝이며 듣다가 다음 날 동네 친구들에게 전혀 새로운 이야기로 꾸며 신나게 들려주었지. 그때마다 친구들은 스필버그의 이야기에 입을 헤벌리고 빠져들곤 했어.

열 살 무렵이었을 거야. 바깥에서 놀고 들어와 피곤했던 스필버그는 집에서 곤하게 자고 있었지. 그때 아빠가 들어와 서둘러 스필버그를 깨워 차에 태웠어. 스필버그는 어디로 가느냐고 물었지만 아빠는 대답하지 않았어. 스필버그는 무슨 일이 벌어지는지 몰라 무서웠지. 그렇게 30분 정도 차를 타고 가던 아빠는 길가에 차를 세웠어. 근처에는 수백 명이 바닥에 누워 있었지. 아빠는 영문도 모르는 스필버그의 손을 잡고 사람들 사이로 가더니 빈자리를 골라 담요를 깔고 누웠어. 아빠는 밤하늘을 가리켰어. 잠시 후 수천수만 개의 빛이 유성우가 되어 쏟아져 내리기 시작했지. 난생처음 보는 우주의 신비에 스필버그는 놀랄 수밖에 없었어. 이 놀라운 체험은 나중에 스필버그가 영화를 찍을 때 상상력의 원천이 되었지.

조금 더 자란 스필버그는 곧 재미난 장난감을 가지게 되었어. 엄마가 아빠에게 선물한 저렴한 영화 카메라였지. 아빠가 카메라를 사용할 때마다 옆에서 그렇게 찍으면 안된다고 참견하는 스필버그에게 "그렇게 잘하면 네가 찍어 봐!"라며 아빠가 카메라를 스필버그에게 넘긴 거야.

그때부터 스필버그는 영화 카메라를 가지고 보이는 모든 것을 찍고 다녔어. 열세 살에는 가족을 배우로 해서 짧은 영화도 찍었지. 영화를 본 아빠도 스필버그가 참견한 것처럼 왜 그렇게 찍었냐고 물었지만 스필버그는 "이게 제 관점이고 제 선택이에요!"라고 대답했어. 스필버그의 당찬 대답에 아빠는 스필버그를 전기 기술자로 키우려던 꿈을 포기하고 아들이 바라는 대로 영화감독이 되는 것을 허락하기로 했어. 단, 최소한의 성적을 유지한다는 걸 조건으로 해서 말이야.

엄마도 아빠와 마찬가지였어. 엄마는 그 뒤로 스필버그가 찍은 필름들을 보며 "언젠가 네가 영화감독이 되면 꼭 우리 유대인들의 이야기도 찍어 주길 바랄게."라고 칭찬을 해 주었지.

고등학생이 된 스필버그는 부모님에게 돈을 빌려 어린 시절 아빠와 유성우를 보러 갔던 기억을 바탕으로 〈불꽃〉이라는 영화를 만들었어. 영화는 동네에 있는 극장 단 한 군데서 상영되었는데 당시 극장 주인은 스필버그의 재능에 감탄했지. 하지만 영화감독이 되기 위한 스필버그의 길은 그리 평탄하지 않았어. 당시 영화감독이 되기 위해서는 영화 관련 학과로 유명한 대학을 나오는 게 유리했는데 스필버그는 두 번이나 지원을 했다가 탈락한 거야. 스필버그는 영화와는 거리가 있는 영문과로 대학을 가게 되었어.

블록버스터의 아버지

스필버그는 대학에 진학해서도 영화에 대한 꿈을 놓지 않았어. 학교를 다니는 도중에도 수많은 영화를 보며 공부했고, 자신이 직접 감독이 되어 〈엠블린〉이라는 영화도 찍었지. 또, 유니버설 스튜디오라는 거대한 영화사로 찾아가 월급을 받지 않는 무급 인턴으로 일하며 영화에 대해 공부했어. 그런데 그렇게 열심히 일하고 공부하는 스필버그를 눈여겨본 사람이 있었어. 바로 영화사의 부사장이었지. 부사장은 스필버그를 불러 면담을 했어. 스필버그는 부사장에게 자신이 학창 시절에 찍은 영화들을 보여 주었지. 영화를 본 부사장은 단번에 스필버그의 재능을 눈치채고 회의를 열어 스필버그에게 기회를 주기로 했어. 다만 처음이다 보니 극장용 영화가 아니라 비용이 적게 들어가는 텔레비전용 영화의 감독을 맡기기로 했어.

그렇게 탄생한 영화가 바로 어떤 사람이 영문도 모른 채 수수께끼의 트럭에 쫓기는 내용을 담은 〈듀얼〉이야. 적은 예산이었지만 스필버그는 혼신의 노력을 다해 긴장감이 넘치는 미스터리 영화를 만들어 냈어. 완성된 영화를 본 회사 사람들은 충분히 극장용 영화로 만들어도 손색이 없다며 감탄했지. 회사는 스필버그를 적극 지원하기로 하고 비용을 들여 추가로 장면을 찍어 극장용 영화로 다시 만들었어. 그때부터 스필버그의 전성기가 시작되었어. 스필버그는 〈슈가랜드 특급〉이라는 영화를 찍고 프랑스에서 열리는 칸 영화제 각본상을 수상하게도 되었지. 이제 회사를 넘어 세계가 스필버그를 주목하기 시작한 거야.

스필버그가 스물여덟 살이 되던 1975년, 영화사에 기록될 일대 사건이 발생했어. 평화로운 해수욕장에 나타나 사람을 해치는 식인 상어의 이야기를 다룬 〈죠스〉가 개봉한 거야. 스필버그가 〈죠스〉를 만들 때 영화사는 스필버그의 재능을 생각하며 이미 어느 정도 영화가 인기를 끌 것이라 예상했어. 당시로서는 적지 않은 비용인 900만 달러를 투자했고 영화가 개봉될 극장도 굉장히 많이 확보했지.

마침내 영화가 개봉되었고 회사는 예상이 틀렸다는 걸 알게 되지. 〈죠스〉는 회사가 예상한 수익을 훨씬 뛰어넘었어. 그때까지 어떤 영화도 이루지 못한 2억 달러의 수익을 냈던 거야. 정확히는 2억 6천만 달러이고, 해외까지 포함하면 총 4억 7천만 달러의 수익을 올렸어. 영화가 가져다준 충격이 너무 커서인지 영화계는 〈죠스〉에 모든 것을 파괴하는 대규모 폭격을 뜻하는 '블록버스터'라는 별명을 붙여 주었어. 그 이후로 세계적으로 인기를 끈 대형 영화를 블록버스터라고 부르게 되었지.

〈죠스〉의 놀라운 성공으로 이제 사람들은 스필버그의 다음 작품을 가슴을 두근거리며 기다리기 시작했지. 사람들의 예상대로 그 이후에도 스필버그는 계속해서 놀라운 영화들을 차례차례 만들었어. 어린 시절 아빠와 유성우를 구경하던 추억에서 영감을 얻은 〈미지와의 조우〉부터, 코미디 영화 〈1941〉, 잃어버린 고대의 유물을 찾아 모험을 떠나는 〈레이더스〉를 발표하며 계속해서 주목을 끌었어.

〈죠스〉가 개봉한 지 7년이 지난 1982년. 스필버그에 의해 다시 세계를 뒤흔드는 영화가 등장했어. 식물학자 외계인이 지구 어린이와 우정을 나누다 어린이의 도움으로 다시 우주로 돌아가는 내용을 담은 〈E.T.〉가 개봉한 거야. 사실 스필버그와 영화사는 큰 인기를 기대하지는 않았어. 제작비도 7년 전의 〈죠스〉와 비슷한 1,000만 달러 정도였거든. 하지만 영화의 인기는 개봉하자마자 그야말로 대폭발이었어. 한국과 일본에서도 흥행 순위 1위를 할 정도로 전 세계가 열광한 거야. 〈E.T.〉의 총 수익은 무려 7억 달러에 이르렀지. 영화를 좋아해서 돈을 받지 않고 영화사에서 일하던 청년이 어느새 할리우드의 흥행을 지배하는 황제가 된 거야.

꿈을 만드는 사람

영화계에서 큰 성공을 거두었지만 스필버그의 마음속은 여전히 무언가 허전했어. 스필버그의 영화는 많은 사람들을 즐겁게 하지만 단지 그때뿐이며 순간의 즐거움을 위한 것이라는 일부 사람들의 평가도 영향을 끼쳤지. 할리우드에서 최고의 권위를 자랑하는 아카데미 영화제에서도 스필버그의 작품은 수상 후보로만 언급될 뿐이었어. 설령 상을 주더라도 감독상이나 작품상이 아니라 음악이나 특수 효과처럼 영화의 기술적인 부분에 대한 상을 주곤 했지.

스필버그는 고통받고 소외된 사람들의 이야기를 다루기 시작했어. 인종 차별이 남아 있는 미국의 현실을 다시 돌아보게 하기 위해 흑인들의 삶을 다룬 〈컬러 퍼플〉이나, 아시아 대륙에서 벌어진 전쟁을 소재로 전쟁의 비극을 다룬 〈태양의 제국〉 같은 영화들이 그래. 이 영화들은 스필버그의 이전 영화들과 달리 작품성은 인정받았지만 여전히 아카데미 상을 수상하지는 못했어. 물론 이후에도 오락 영화인 〈인디아나 존스와 최후의 성전〉을 연출해 다시 세계적으로 인기를 얻었지.

스필버그는 여전히 고민하고 있었어. 그러던 중 어린 시절 유대인 부모님이 우리의 이야기를 영화로 만들어 달라는 기억이 떠올랐지. 스필버그는 오랫동안 마음에 두고 있었던 〈쉰들러 리스트〉의 원작을 펼쳤어.

"한 사람을 구하는 것은 전 세계를 구하는 것이다."라는 메시지를 담은 이 작품은 영화를 본 모든 사람들에게 감동을 주었고 아카데미 시상식 심사 위원들의 마음도 울렸어. 영화는 그해 아카데미 시상식의 주인공이 되었어.

그 뒤로도 스필버그는 흑인 노예의 삶을 다룬 〈아미스타드〉, 전쟁으로 형제를 잃은 병사를 구하기 위해 출동하는 부대를 다룬 〈라이언 일병 구하기〉를 통해 사람의 생명을 소중히 여기자는 메시지를 사람들에게 전했지. 모두의 꿈과 사람을 소중히 여기는 스필버그의 생각은 지금도 꿈을 만드는 공장인 애니메이션 영화사 '드림웍스'를 통해 여전히 이어지고 있어.

리더를 꿈꾸는 어린이에게 들려주는
스티븐 스필버그의 리더십 원칙

상상력을 키워라

예술 분야의 리더가 되기 위해서는 같은 것이라도 다르게 보는 습관이 필요해. 식물학자와 외계인, 해수욕장에 나타난 상어처럼 서로 어울리지 않는 것들을 연결시켜 보는 방법도 효과적이겠지.

진짜 좋아하는 것이라면 최선을 다해라

정말로 좋아하고 자신이 있는 분야에서 리더가 되고 싶다면 꿈을 이루기 위하여 꾸준히 노력하고 최선을 다해 기회를 잡아야 해. 아무도 나를 찾지 않아도 나 스스로 기회를 찾아갈 수 있는 노력이 필요해.

모든 일은 철저하게 하라

리더는 어렵게 마친 일이라도 잘못되거나 부족한 부분이 있으면 수정이나 보완해서 철저하게 마무리해야 해. <죠스>의 시사회를 마친 후, 관객은 모두 좋아했지만 나는 더 좋은 반응을 끌어내기 위해 추가 촬영을 했어. 그렇게 완성도를 높임으로써 역사에 남는 영화를 만들 수 있었어.

다른 사람의 삶을 소중히 여겨라

모든 사람은 각자의 세계를 가진 하나의 우주야. 그래서 한 사람을 구하는 것은 전 세계를 구하는 것과 마찬가지라고 하지. 다른 이의 삶을 소중히 여기고 존중할 수 있을 때 좋은 작품이 나올 수 있어.

스티븐 스필버그 연보

1946	신시내티에서 전기 기술자 아버지와 식당 주인 어머니 사이에서 태어남
1963	부모에게 400달러를 빌려 독립 영화 <불꽃>을 제작
1965	캘리포니아 주립대 롱비치 캠퍼스 영문학과 입학
1971	텔레비전 영화 <듀얼>을 감독하여 가능성을 보임
1974	첫 번째 극장 영화 <슈가랜드 특급>을 감독하고 칸 영화제 각본상 수상
1975	영화 <죠스>가 대성공하여 세계적인 감독으로 올라섬
1981	영화 <레이더스>를 감독하여 흥행 성공
1982	영화 <E.T.>가 역대 최고 흥행 기록 경신. 유엔 평화 메달 수상
1985	영화 <칼라 퍼플>을 감독하여 아카데미상 11개 부문 후보에 오름
1989	영화 <인디아나 존스와 최후의 성전>을 감독하여 그해 흥행 1위 달성
1993	영화 <쥬라기 공원>을 감독하여 <E.T.>의 기록을 깨고 역대 최다 흥행 영화 <쉰들러 리스트>를 감독하여 아카데미상 7개 부문 수상
1997	영화 <쥬라기 공원 : 잃어버린 세계>, <아미스타드> 감독
1998	영화 <라이언 일병 구하기>로 아카데미 감독상을 비롯 4개 부문 수상
2002	영화 <캐치 미 이프 유 캔> 감독
2018	영화 <레디 플레이어 원> 감독

할리우드는 어떤 곳일까?

 ### 세계 영화 산업을 주도하는 영화의 중심지

할리우드는 미국 캘리포니아주 로스앤젤레스에 있는 영화의 중심지야. 캘리포니아주는 할리우드에서 영화를 제작하는 사람들을 위해 촬영에 협조하고 세금을 적게 부과하는 식으로 영화 산업을 보조해 주었지. 그 결과 할리우드는 미국 영화 산업을 넘어 세계 영화 산업을 주도하는 장소가 되었어. 할리우드의 서쪽에 있는 비벌리힐스에는 부유한 사람들과 세계적으로 알려진 배우들이 모여 살고 있는 것으로도 유명해.

 ### 황량한 벌판에서 시작되다

원래 할리우드는 사람이 거의 살지 않는 황량한 곳이었어. 하지만 늘 해가 길게 비치고 따뜻해서 사람이 살기 좋은 곳이었지. 이런 점은 영화를 찍기에도 아주 좋은 환경이었어. 또 할리우드 주변에는 산과 사막, 도시, 바다가 다 있었지. 그래서 1910년대부터 영화사들이 할리우드를 찾았고, 그렇게 할리우드는 영화의 중심지가 되었던 거야.

 ## 명예의 거리

할리우드에는 스타들의 이름을 새긴 별 모양 동판이 도로에 박힌 명예의 거리가 있어. 이곳에는 스티븐 스필버그를 비롯해, 찰리 채플린, 비틀즈 등 세계적인 스타들의 이름과 별이 새겨져 있지. 미키 마우스, 도날드 덕, 백설공주 등 세계적으로 유명하지만 실재하지 않는 캐릭터들도 있는 게 특징이야.

 ## 할리우드 영화의 특징

많은 사람들을 즐겁게 하는 오락성이 뛰어난 작품들이 주로 제작돼. 영화를 제작할 때 많은 비용이 들어가기 때문에 더 많은 사람들이 볼 수 있게 대중적인 영화를 만드는 거야. 가끔 오락 영화보다 사람의 내면을 다룬 작품성을 가진 영화들도 제작되는데, 스티븐 스필버그처럼 오랫동안 할리우드 제작자들의 믿음을 얻은 경우에나 가능한 일이야.

무적함대

    1587년 봄, 영국을 통치하던 엘리자베스 1세는 유럽 대륙에 심어 놓은 첩자에게서 무서운 소식을 들었어. 당시 유럽의 최강 대국인 에스파냐가 영국을 침략하기 위해 차곡차곡 전쟁 준비를 하고 있다는 내용이었지. 일찌감치 지금의 아메리카 대륙인 신대륙으로 가는 항로를 발견한 에스파냐는 신대륙에서 나오는 금과 은을 비롯해 다양한 물품을 독점해서 막대한 돈을 벌어들인 나라였어. 나라에 돈이 많다 보니 해군도 무척이나 강력했지. 에스파냐의 함대는 단 한 번도 다른 나라한테 패배한 적이 없어서 무적함대라고 불릴 정도였거든. 그런 나라가 영국을 침략한다니 엘리자베스 1세도 긴장할 수밖에 없었지.

사실 에스파냐와 영국은 전부터 사이가 좋지 않았어. 엘리자베스가 왕좌에 오른 뒤, 영국은 국력을 키우기 위해 해상 무역에 뛰어들려 했지만 그때마다 번번이 에스파냐가 가로막았기 때문이야. 덕분에 영국은 공식적인 무역보다는 나라가 직접 운영하는 사략함대를 통해 에스파냐의 배를 약탈하는 경우가 많았어. 그중에 대표적인 사람이 해적왕으로 알려진 '프랜시스 드레이크'라는 사람이야.

드레이크는 젊은 시절 에스파냐 해군에게 공격을 받은 적이 있었어. 그래서인지 드레이크는 주로 에스파냐 배들을 약탈했지. 얼마나 많이 약탈했는지 당시 에스파냐 왕 펠리페 2세가 엘리자베스 1세에게 전쟁을 피하고 싶으면 드레이크를 넘겨 달라고 요구할 정도였어. 하지만 엘리자베스 1세는 이에 굴하지 않고 오히려 드레이크를 영국 해군을 지휘하는 제독으로 임명하고 나라에 공을 세웠다며 훈장을 수여했어. 에스파냐는 무척 화가 났지만 전쟁을 할 준비가 되어 있지 않았기 때문에 참을 수밖에 없었지.

게다가 에스파냐는 나라 전체가 가톨릭을 믿었지만 영국은 종교 개혁을 통해 생겨난 성공회의 힘이 컸어. 또한 에스파냐를 약화시키기 위해 에스파냐의 식민지였던 네덜란드의 독립을 몰래 지원하고 있었지. 여러모로 에스파냐에게 영국은 눈엣가시 같은 존재였던 거야. 에스파냐와 영국 사이에 전쟁이 벌어지는 건 시간문제였어.

　엘리자베스 1세도 당연히 이러한 사정을 잘 알고 있었지. 엘리자베스 1세는 나라의 운명이 걸린 전쟁을 피할 생각이 없었어. 아무리 에스파냐가 강대국이라 하더라도 여기서 전쟁을 피하게 된다면 영국은 영원히 넓은 세계로 나아가지 못하고 작은 섬에 갇혀 약소국으로 살아가야 한다는 것을 알고 있었거든.

엘리자베스는 에스파냐의 전쟁 준비 소식이 들리자 즉각 드레이크를 포함하여 나라를 지탱하는 주요 신하들을 불러 모은 후 에스파냐와 전쟁을 선포했어. 신하들은 모두 왕에게 충성을 맹세하고 용감하게 전쟁에 뛰어들었어.

전쟁이 시작되었고 드레이크의 활약으로 영국은 무적함대를 무찌르며 사기가 높아졌어. 하지만 에스파냐의 반격도 곧 시작되었지. 에스파냐는 육군을 모아 바다 위가 아닌 영국의 본토에서 전쟁을 하려고 했어. 비록 바다에서는 승리했지만 해군 못지

않게 강한 에스파냐 육군이 온다는 소리에 영국 사람들은 겁을 먹기 시작했어. 그러자 엘리자베스 1세는 직접 갑옷을 입고 나와 사람들 앞에 서 연설을 했지.

"나는 연약하고 힘이 없는 여성의 몸이지만 적이 영국에 쳐들어온다면 내가 직접 무기를 들 것입니다."

여왕이 직접 무기를 들고 싸운다는 말에 영국 군인들의 사기는 크게 올랐어.

마침내 드레이크를 비롯한 여러 사람들이 활약으로 에스파냐와의 전쟁은 승리로 끝났어. 세계의 바다를 주름잡던 에스파냐의 시대가 저물고 드디어 엘리자베스 1세가 다스리는 영국이 새로운 바다의 지배자로 떠오르게 된 거야.

축복받지 못한 아이

따뜻한 햇살이 비치는 어느 가을 아침이었어. 영국의 왕 헨리 8세가 머무르는 궁전에서는 사람들이 조금 흥분한 표정으로 바쁘게 움직이고 있었어. 화려한 분장을 하고 대본을 외우는 연극 배우들도 있었고, 말을 탄 채 쇠로 된 갑옷을 입고 마상 시합을 준비하는 기사들도 있었지. 궁전의 조리사는 맛있는 빵과 고기, 포도주를 잔뜩 주문하기도 했어. 마치 영국 전체가 축제를 준비하는 것 같았어. 이유는 간단해. 왕비 앤 불린이 아이를 낳기로 예정된 날이 얼마 남지 않았기 때문이었어. 왕과 왕비를 비롯해 영국 국민 모두가 영국을 이끌 왕이 될 왕자를 기대하며 축하 준비를 하고 있었어. 왜냐하면 왕이 이전 왕비와 이혼하고 현 왕비와 결혼한 이유도 전 왕비가 아들을 낳지 못한다는 이유였거든.

하지만 이 모든 기대는 아기의 울음소리가 들린 순간 흔적도 없이 사라졌어. 아기는 사람들의 바람과 달리 아들이 아니라 딸이었던 거야. 헨리 8세와 앤은 크게 실망했고 연극과 마상 시합은 곧바로 취소되었어. 마치 나라 전체가 한숨을 쉬는 것 같았어. 어쨌든 축복받지 못한 아기는 엘리자베스라는 이름을 얻고 공주가 되었어.

엘리자베스가 태어나고 얼마 되지 않아 앤이 다시 임신을 했어. 사람들은 아기의 성별을 너무 궁금해했어. 만약 이번에도 아들을 낳지 못한다면 앤은 왕비의 자리에서 내려와야 했기 때문이었지.

마침내 운명의 날이 왔고 앤은 모두의 바람대로 아들을 낳았어. 하지만 안타깝게도 아기는 태어나자마자 죽었어. 헨리 8세는 고개를 절레절레 저었고 앤은 자신의 운명을 깨달았지. 얼마 후 앤은 재판을 받고 사형에 처해졌고, 헨리 8세와 앤의 결혼은 무효가 되었어. 이제 앤은 왕비가 아니었어. 자연스럽게 앤의 딸인 엘리자베스도 더 이상 공주가 아니게 되었지. 그때부터 엘리자베스는 공주로서 받아야 할 보살핌을 받지 못한 채 몇몇 사람들 손에 컸어. 엘리자베스의 신분이 낮아지자 사람들의 관심도 점차 사라졌어. 돌보는 사람들도 엘리자베스를 조금씩 무시하기 시작했지. 엘리자베스의 음식을 함부로 먹는가 하면 옷이 작아서 입을 수 없는 데도 새 옷을 주문하지 않는 경우도 있었지.

게다가 새로 얻은 왕비가 아들 에드워드를 낳자 엘리자베스는 더 이상 관심의 대상이 되지 않았어. 엘리자베스가 높은 자리에 오를 가능성이 사라졌기 때문이지. 그런 상황에서 엘리자베스가 관심을 기울인 건 공부였어.

당시에는 여자아이에게는 공부를 잘 시키지 않았어. 하지만 엘리자베스는 교양인으로 살려면 공부를 해야 한다는 걸 알았지. 그중에서도 가장 열심히 한 공부는 언어였어. 엘리자베스는 모국어인 영어만큼 이탈리아어와 프랑스어를 유창하게 말할 수 있었으며, 에스파냐어도 어느 정도 할 수 있었지. 또한 그리스어와 라틴어도 자유롭게 읽고 쓸 수 있었어. 여러 가지 언어를 배운 엘리자베스는 세계 각국의 유명한 책들을 읽을 수 있었어. 어떤 책은 읽다가 감동을 받아 열세 살 때 스스로 번역을 하기도 했지. 신하들을 설득하고 수많은 사람들을 매료시킨 엘리자베스의 대화술과 연설 능력은 이때 형성된 거야.

엘리자베스가 공부를 잘한다는 소식이 들리자 헨리 8세도 관심을 보였어. 엘리자베스에게 다시 궁전으로 돌아오라고 한 거

야. 마침 왕의 딸도 왕위 계승권을 가질 수 있다는 법이 만들어져 엘리자베스의 지위도 높아졌거든. 하지만 엘리자베스는 왕위에 욕심을 내지 않았어. 이복 형제인 남동생 에드워드와 언니 메리가 엘리자베스보다 우선순위를 가지고 있었기 때문이야. 문제는 아버지인 헨리 8세가 죽은 후 동생 에드워드가 열 살의 나이로 왕에 오른 다음에 생겼어. 왕좌에 오른지 6년 만에 결핵에 걸려 사망한 거야. 에드워드는 자식이 없었기 때문에 자연스럽게 왕의 자리는 그다음 서열인 메리에게 넘어가게 되었어.

　메리가 왕위에 오른 것은 엘리자베스에게 두려운 일이었어. 메리의 어머니는 엘리자베스의 어머니 앤 때문에 이혼당한 전 왕비였거든. 메리는 동생 엘리자베스를 볼 때마다 앤 때문에 고통받던 자신의 어머니가 떠올랐어. 게다가 메리와 엘리자베스는 가톨릭과 성공회로 서로 믿는 종교도 달랐지. 메리는 사사건건 엘리자베스를 감시하며 어떻게든 꼬투리를 잡아 처형하려고 했어. 메리가 나라를 공포로 다스리자 엘리자베스를 왕으로 삼겠다며 반란이 일어난 것도 엘리자베스를 위험하게 만들었지. 엘리자베스는 그때마다 능수능란한 화술로 자신은 가톨릭에 헌신하며 언니에게 해를 끼치지 않겠다고 맹세했어. 또 시골로 가서 조용히 살겠다며 위험을 피했지.

영국의 왕

그러던 어느 날, 언니인 메리도 병을 이기지 못하고 사망했어. 메리도 동생 에드워드처럼 자식이 없었지. 그러자 영국의 왕위는 자연스럽게 엘리자베스에게 넘어가게 되었어. 태어날 때부터 아무런 축복도 받지 못한 아이가 수없이 많은 위기를 이겨 내고 결국 영국의 왕위에 오르게 된 거야.

엘리자베스가 즉위할 당시 나라의 상태는 안팎으로 무척 혼란스러웠어. 안으로는 북쪽에 있는 스코틀랜드와 사이가 좋지 않았고, 바깥으로는 도버 해협을 사이에 두고 프랑스와 전쟁을 하고 있었거든. 여기저기에서 사람들이 죽어 나갔고 전쟁 준비 때문에 나라의 금고는 텅텅 비었지. 게다가 헨리 8세 때부터 시작된 종교 문제는 국민들을 분열시켰고, 다른 나라들이 영국을 싫어하게 만들었어. 영국은 국제 사회에서 철저히 외톨이였어. 게다가 그때는 아직 여성에 대한 편견이 있던 시대라서 여성이 나라를 잘 다스릴 수 있다는 생각을 하지 못했지. 엘리자베스는 이런 시기에 왕위에 오른 거야.

엘리자베스는 당황하지 않고 자신 앞에 놓인 문제들을 침착하게 처리해 나갔어. 엘리자베스에게는 어린 시절부터 좌절하지 않고 수많은 시련을 이겨 낸 경험이 있었어. 또한 꾸준한 공부를 통해 익혔던 지식도 있었지. 이러한 것들은 나라를 운영하는 데 큰 도움이 되었지. 그런데 무엇보다도 가장 빛났던 것은 엘리자베스의 태도였어. 엘리자베스는 모든 사람이 우러러보는 가장 높은 자리에 올랐지만 교만하지 않고 품위를 잃지 않았어. 최대한 자신을 낮추어 사람들을 겸손하게 대했지. 어떤 신하가 "사람들의 마음을 얻는 데 통달한 사람이 있다면 바로 여왕 폐하이다."라고 말할 정도로 모든 신하들이 엘리자베스를 좋아했어. 국민들도 마찬가지였어. 엘리자베스는 언제나 친절하고 상냥한 말투로 국민들과 만났어. 사람들이 손수 만든 꽃다발을 받을 때마다 고맙다고 말하며 사람들의 성의를 함부로 대하지 않았어.

엘리자베스가 왕위에 오른 뒤 가장 먼저 처리한 건 국민들을 분열시키고 서로 미워하게 만든 종교 문제였어. 당시 영국 국민들이 믿었던 종교는 헨리 8세가 앤과 결혼하기 위해 만들었던 성공회, 메리가 믿었던 가톨릭 그리고 새로운 믿음을 찾고자 했던 신교도로 나누어져 있었어. 헨리 8세와 메리는 자기가 믿는 종교를 믿지 않는 사람들을 화형에 처하는 등 심하게 탄압했었지. 하지만 엘리자베스는 달랐어. 엘리자베스는 서로 다른 믿음을 가진 사람들을 모두 공평하게 대했어. 엘리자베스는 성공회를 믿었지만 사람의 믿음은 억지로 바꾸라고 해서 바뀌지 않는다는 걸 알고 있었지. 덕분에 영국은 위험 수위에 이르렀던 종교 갈등을 가라앉힐 수 있었어.

다음으로 엘리자베스가 집중한 건 영국을 무력으로 위협하는 스코틀랜드와 프랑스를 처리하는 문제였어. 스코틀랜드는 엘리자베스의 왕위 계승을 문제 삼으며 계속해서 영국을 위협하고 있었지. 엘리자베스가 선택한 방법은 스코틀랜드 내부의 반란 세력과 손을 잡는 것이었어. 안에서부터 스코틀랜드를 약하게 하려는 방법이었지. 엘리자베스가 반란 세력에게 자금을 지원하자 스코틀랜드는 영국과 사이가 좋지 않은 프랑스에게 구원을 요청했어.

하지만 엘리자베스는 당시 프랑스가 내부의 문제로 스코틀랜드를 오래 지원할 수 없다는 걸 알고 있었어. 마침내 엘리자베스는 공식적으로 스코틀랜드에 병력을 보냈고, 전투를 벌여 스코틀랜드와 프랑스 연합군을 물리쳤어. 덕분에 영국은 바로 눈앞에서 나라를 괴롭히던 위험을 제거할 수 있게 된 거야.

해가 지지 않는 나라

여러모로 혼란스럽던 나라를 정비한 엘리자베스가 다음으로 눈을 돌린 것은 바다였어. 바다를 통해 세계와 교역하여 나라의 부를 축적하려는 이유였지. 하지만 당시 영국은 지금과 달리 유럽 대륙의 노른자 땅을 가진 프랑스나, 세계의 바다를 호령하는 에스파냐에 비하면 약하고 작은 나라였어.

게다가 바다는 이미 에스파냐가 장악한 상태였어. 엘리자베스는 에스파냐와 전쟁을 결심했어. 그리고 드레이크를 비롯한 우수한 인재들을 등용해서 마침내 전쟁에서 승리했지. 세계의 운명을 바꾼 이 전쟁을 통해 엘리자베스와 영국은 어떤 나라도 무시할 수 없는, 세계를 호령하는 강대국으로 올라서게 돼.

이밖에도 엘리자베스는 화폐 제도를 개혁해서 높은 물가를 잡고 국민들의 삶을 안정시키는 한편, 재산과 일자리를 잃어 생계가 어려운 사람들을 돕는 빈민 구제법을 만들어 가난한 사람들도 힘을 내서 살 수 있도록 돕기도 했지. 또한 농업만으로는 나라가 발전할 수 없다며 상업을 중요하게 여기는 정책을 펼쳐서 물건들이 나라 곳곳에서 활발히 거래될 수 있도록 했어. 나라가 안정되다 보니 셰익스피어와 베이컨을 비롯한 문화 예술인들도 많이 등장해서 엘리자베스 시대는 문화의 황금기이기도 해.

이렇게 나라를 부강하게 하는 일에 온 정신을 쏟던 엘리자베스는 "나는 영국과 결혼했다."라는 말을 남기고 평생 결혼을 하지 않은 채 조용히 눈을 감았어. 아무런 축복을 받지 못하고 태어난 아이가 영국을 가장 위대한 나라로 만든 거야.

그 뒤 엘리자베스가 개척한 바닷길을 통해 영국은 지금의 캐나다를 비롯한 아메리카 대륙과 인도, 아시아, 나이지리아가 있는 아프리카, 호주와 뉴질랜드가 있는 오세아니아 대륙까지 전 세계에 영향력을 끼치게 되었어. 이들 나라들은 나중에 영국으로부터 독립한 후에도 영국과 친하게 지내는 영국 연방으로 남게 돼. 이렇게 영국의 영향력 아래에 있는 나라들이 세계 곳곳에 있다 보니 설령 영국에서는 해가 저도 영국의 국기가 꽂혀 있는 다른 나라에서는 해가 떠 있게 되었지. 그게 바로 영국을 해가 지지 않는 나라라고 부르는 이유야.

리더를 꿈꾸는 어린이에게 들려주는
엘리자베스 1세의 리더십 원칙

언어 감각을 익혀라

훌륭한 리더가 되려면 모국어뿐 아니라 다양한 언어를 공부하는 것이 좋아. 한 나라의 언어를 알면 그 나라뿐만 아니라 그 나라 사람들에 대해 좀 더 잘 이해할 수 있어. 언어는 그 나라의 문화를 담고 있기 때문이야.

항상 친절하고 겸손하게 사람을 대하라

높은 지위에 올라갈수록 리더는 모든 사람에게 상냥하고 친절하게 대하려고 노력해야 해. 신하의 제안이나 국민들의 사소한 선물에도 늘 고마움을 표현하여 신하와 국민들의 신뢰와 지지를 얻을 수 있었지.

유연성을 키워라

나는 왕위에 오르기 전, 이복 언니 메리에게 종교를 바꾸라는 생명의 위협을 받으며 자랐어. 하지만 위험한 상황을 파악하고 그때마다 고집을 부리는 대신 메리가 원하는 태도와 행동을 취해 살아날 수 있었지. 리더는 위급한 상황일수록 고정관념에서 벗어날 줄도 알아야 해.

인재를 소중하게 여겨라

나는 드레이크가 해적 출신임에도 불구하고 영국의 해군 제독으로 삼았어. 리더는 사람을 기용할 때 인맥이나 신분이 아니라 능력을 고려하여 적재적소에 배치해야 해. 그런 공평함이 그룹을 성공으로 이끌지.

엘리자베스 1세 연보

- **1533** 그리니치 궁전에서 헨리 8세와 앤 불린의 딸로 태어나 공주가 됨
- **1536** 앤 불린 처형. 앤과 헨리 8세의 결혼이 무효가 되어 공주에서 서녀가 됨
- **1543** 왕위 계승법 변경으로 왕위 계승권을 가지게 됨
- **1547** 헨리 8세 사망, 이복 동생 에드워드 6세 즉위
- **1553** 에드워드 6세 사망, 이복 언니 메리 1세 즉위
- **1554** 엘리자베스를 추대하려는 반란 발생
- **1558** 메리 1세 사망, 엘리자베스 1세 즉위
- **1559** 엘리자베스 1세를 교회의 수장으로 하는 수장법 통과
- **1560** 화폐 개혁을 통해 물가 인상을 억제
- **1585** 에스파냐의 금수령에 맞서 네덜란드와 군사 동맹 체결
- **1588** 에스파냐와 전쟁, 무적함대를 격파하며 에스파냐와 전쟁에서 승리
- **1600** 동인도회사 설립
- **1601** 빈민 구제법을 제정하여 가난한 사람들을 보살핌
- **1603** 우울증과 노환으로 사망

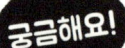

영국 연방이 무엇일까?

 ### 영국을 중심으로 뭉치다

영국 연방이란 영국을 중심으로 이전에 영국의 식민지였던 국가들이 모여 만든 국제기구를 말해. 영어로는 코먼웰스(Commonwealth)라고 하지. 캐나다, 오스트레일리아, 인도, 태평양에 자리한 피지를 포함해 모두 53개국이 가입해 있는 거대한 국제기구야. 모두 모국어와 함께 영어를 공통어로 사용하며 영국식 제도를 사용한다는 공통점이 있지.

 ### 새로운 모습으로 변화한 영국 연방

엘리자베스 1세 이후 영국은 전 세계에 식민지를 형성했어. 하지만 시간이 흐르면서 식민지들은 독립했지. 그러자 영국과 식민 국가 사이에 새로운 관계가 필요하게 되었어. 1949년 영국 연방은 런던 선언을 통해 영국 연방에 속한 국가들은 서로 지배 관계가 아니라 자유로운 국가들의 결합이라고 선언하며 새로운 시작을 알렸어. 이후 영국 연방은 세계 평화를 위해 협

력하는 기구로 목적을 바꾸고 영국의 식민지가 아니었던 모잠비크와 르완다 같은 국가들도 회원으로 받았지.

 ### 평등한 관계 속에서 활발히 교류하는 회원국들

영국 연방은 지금은 모두 독립한 주권 국가로서 평등한 의결권을 지닌 국가 간 친목 단체의 성격을 가지고 있어. 따라서 연방 국가인 미국이나 독일만큼 밀접한 관계를 이루는 공동체는 아니지만, 회원국 사이에서 경제 협력이나 문화 교류는 지금도 활발히 이루어지고 있지.

 ### 영국 국왕이 국왕인 나라들

오스트레일리아, 뉴질랜드, 캐나다 등은 아직도 영국 왕을 각 나라의 공식적인 국가 원수로 인정하고 있어. 영국 왕은 자기를 대신해 나라를 다스릴 총독을 임명해. 하지만 이것은 형식적인 것일 뿐 실제로 나라를 다스리는 것은 각 나라의 국민들이 선거로 뽑은 총리야.

근로 기준법을 준수하라

　1970년 11월 3일, 서울시 동대문에 자리한 평화시장에는 그 이름과 달리 긴장감이 감돌고 있었어. 시장 한편에는 경찰들이 촘촘히 서 있었고 반대편에는 노동자들이 웅성대며 모여 있었지. 평소처럼 사람들이 모여 평화롭게 물건을 사고파는 모습이 아니었어. 모인 사람들 중에는 평화시장에서 재단사로 일하던 스물세 살 청년 전태일도 있었어. 전태일과 동료들은 손에 무언가를 적은 피켓과 종이 뭉치를 들고 거리에서 큰 소리로 외치고 있었어. 전태일과 노동자들이 일을 하지 않고 시장 바깥으로 나온 데에는 다 이유가 있었어.
　당시 우리나라는 힘든 시절을 딛고 일어나 한창 발전하고 있는 중이었어. 전쟁으로 인해 아무것도 없던 폐허에서 그야말로 나라 전체가 쑥쑥 성장하고 있었지. 하지만 자세히 들여다보면 속사정은 조금 복잡했어. 빨리 성장하고 발전하기 위해 어려운 환경에서 일을 하는 사람들의 사정을 살피지 않은 거야. 그 대표적인 사례가 바로 평화시장이야.

평화시장은 주로 2층과 3층에 자리한 공장에서 옷을 만들고, 1층에서 옷을 파는 형태였어. 옷이 바로바로 만들어지고 가격도 싸서 사람들에게 인기가 있었지. 그러다 보니 공상은 쉬지 않고 계속해서 돌아가야 했어. 토요일은 물론 일요일도 쉬지 않고 일주일 내내 하루 열여덟 시간씩 돌아가는 공장들이 대부분이었지. 게다가 공장은 창문이나 환기구도 없이 밀폐된 공간이어서 옷을 만들 때 생겨나는 여러 가지 화학 물질과 오염된 공기들이 빠져나가지 않고 가득 차 있었어. 일하는 사람들은 늘 피곤했고 지쳐 있었어.

그뿐만이 아니야. 일을 하다 사고도 자주 생겼지. 더 심각한 것은 공장 안에 가득 찬 나쁜 공기 때문에 사람들의 폐에 병이 생기게 된 거야. 그중에서도 나이 어린 여자아이들이 주로 그런 병에 걸렸지. 당시는 누구라도 돈을 벌어야 했기 때문에 중학교나 고등학교에 가야 할 나이의 학생들이 돈을 벌기 위해 공장에 다녔어. 남학생들은 주로 공사장이나 공장에서 힘쓰는 일을 했고, 여학생들은 평화시장에서처럼 재봉틀을 다루어 옷을 만드는 일을 했지.

전태일이 충격을 받은 것도 자신과 함께 일하던 어린 소녀가 폐에 병을 얻어 피를 토하는 모습을 보면서부터였어. 하지만 사장은 별다른 조치도 하지 않고 계속 일을 하라고만 다그쳤지. 별다른 도움을 줄 수 없는 자신의 모습을 자책한 전태일은 스스로를 바보라고 부르며 그때부터 공부를 시작했어. 그가 공부하기 시작한 것은 노동자들의 근무 환경을 법으로 정해 놓은 근로 기준법이었지.

근로 기준법에는 노동자들이 지금처럼 나쁜 환경에서 오랜 시간 일을 하면 안 된다고 적혀 있었어. 마치 사막에서 물을 발견한 기분이었을 거야. 전태일은 근로 기준법의 내용을 들어 이렇게 하면 안 되지 않냐고 항의했어. 하지만 사장을 비롯해서 노동 문제를 담당하던 공무원 누구도 전태일의 말을 들어주지 않았지. 이게 바로 전태일과 노동자들이 거리로 나온 이유였어.

경찰은 전태일과 노동자들이 든 현수막과 종이를 빼앗고 그 사람들의 소리가 다른 사람들에게 들리지 않도록 막았어. 많은 사람들이 나쁜 근무 환경에서 일하다가 병이 들어 죽어도 아무 것도 할 수 없는 상황에서 전태일은 결심을 하게 돼. 자신을 희생해서라도 힘들고 아픈 사람들의 소리가 다른 사람들에게 들리도록 하겠다고 말이야. 마침내 전태일은 자신의 몸에 기름을 붓고 불을 지르고 거리를 뛰어가며 이렇게 외쳤어.

"근로 기준법을 준수하라. 우리는 기계가 아니다. 일요일은 쉬게 하라."

지금 생각하면 너무나 당연한 이 외침은 전태일이 스스로를 희생한 후에야 비로소 다른 사람들의 귀에 들렸어. 이후로 수많은 대학생, 시민, 정치인 등이 노동 문제에 관심을 가지게 되었어. 그 사람들의 노력으로 노동 환경은 조금씩 좋아지게 되었지. 그중에는 전태일과 가장 가까운 사이였던 사람도 있었어. 바로 전태일의 어머니이자 후일 노동자의 어머니로 불리는 이소선이야.

힘든 시절

이소선은 1929년에 1남 2녀 중 막내로 대구에서 태어났어. 갓 태어난 아기가 무척 귀여웠는지 아버지는 아기의 이름을 작은 선녀라는 뜻을 가진 소선이라고 불렀어. 소선이 태어나던 시기는 일본이 우리나라를 강제로 식민지로 삼고 다른 나라와 전쟁을 하기 위해 여러 물자들을 함부로 가져가던 시절이었지. 일본은 사람들의 힘든 사정을 봐주지 않고 악착같이 물자들을 가져갔기 때문에 많은 사람들이 끼니를 때우기도 어려웠어.

소선의 아버지는 이런 부당한 상황이 싫어서 농민들과 함께 일본과 그에 협조하는 사람들의 수탈에 저항하는 운동을 시작했지. 거기다 일본에 대항하는 비밀 독립운동에도 참여하고 있었어. 그러다 안타깝게도 일본 순사에게 발각되고 말았지. 순사들은 한밤중에 칼을 차고 집에 와 아버지를 끌고 산으로 갔어. 그 모습이 아버지에 대한 마지막 기억이었지.

아버지가 돌아가신 후 남은 가족의 생활은 더욱 어려워졌어. 일본 순사들이 소선의 가족들에게 일거리를 주지 말라고 했기 때문이야. 더 이상 마을에서 버티기가 힘들자 어머니는 결혼을 해서 새로운 가정을 꾸리기로 결심했어. 다만 이때 가장 나이가 많던 언니는 새아버지의 집에 함께 가지 못하고 외가로 보내졌어. 새아버지네 집도 그리 넉넉한 형편이 아니어서 여러 사람을 거두기는 어려웠거든.

새로 살게 된 곳은 전부 성이 같은 사람들이 모여 사는 집성촌이라 새아버지와 성이 다른 소선과 오빠는 차별을 받기도 했어. 다른 아이들과 똑같이 대해 주지 않은 것에 화가 난 소선은 마을 가장 큰 어른을 찾아가 억울한 사정을 이야기했어. 가만히 이야기를 듣던 어른은 소선을 기특하게 여겨 문중 회의를 열고 다시는 소선과 오빠를 차별하지 말라고 마을 사람들에게 말했지. 어린 시절에 이미 소선은 차별이 좋지 않은 행동이며 누구에게도 차별해서는 안 된다는 걸 알고 있었던 거야. 그 뒤로 소선은 마을의 다른 아이들과 친하게 지내며 대추나 배를 서리하는 등 말썽도 자주 부렸어. 마을에서는 소선을 말썽꾸러기라는 뜻으로 재지리꾼이라 부르기도 했지.

시간이 흘러 소선도 열다섯 살이 되었어. 어머니는 소선을 빨리 결혼시키려고 했어. 2차 세계 대전이 막바지에 이르자 일본이 결혼하지 않은 젊은 여성들을 강제로 정신대로 끌고 가 노동을 시키려고 했기 때문이야. 소선은 아직 어렸기 때문에 이런 사정을 잘 알지 못해서 결혼을 하지 않으려 했어.

그렇게 버티던 소선은 동네 친구들과 함께 정신대로 끌려가게 됐지. 정신대에 끌려간 소선은 일본 군복을 만드는 방직 공장에 배치되어 잡일을 하게 됐어. 공장을 관리하는 사람들은 노동자들에게 먹을 것도 제대로 주지 않아 소선은 늘 배가 고팠

지. 너무 배가 고파 한밤중에 마당에서 자라는 토마토를 몰래 따 먹다가 매를 맞기도 했어.

그렇게 1년이 지났어. 이대로는 견딜 수 없다고 생각한 소선은 몰래 공장의 담을 넘었어. 무작정 담을 넘은 소선은 한참을 도망치다 어느 할머니가 사는 집에 들어갔어. 할머니는 소선이 공장에서 도망쳐 나온 것을 알아 보고는 디딜방아 안에 숨어 있도록 했지. 잠시 후 공장에서 소선을 찾으러 사람이 왔고 할머니는 소선을 보지 못했다며 그 사람을 다른 곳으로 보냈지.

할머니의 도움으로 간신히 공장 사람을 따돌린 소선은 고모가 살고 있는 칠곡으로 갔어. 며칠 동안 고모네 집에서 숨어 살던 소선은 순사들이 고모네 집에 찾아오자 불안해져 어머니가 살던 집으로 돌아갔어. 사정을 들은 어머니는 지금 일본군이 눈이 뒤집혀서 소선을 찾고 있으니 산속에 있는 새아버지의 무덤 근처에 숨어 있으라고 했어. 달랑 이불 한 쪽만 가지고 산속에서 생활하려니 고생이 말이 아니었지. 하지만 산속 생활은 오래 가지 않았어. 일본이 전쟁에서 패하고 우리나라가 해방이 됐기 때문이야.

소선의 아들

해방이 되자 소선도 마을에 내려가 평범한 삶을 살 수 있게 되었어. 결혼도 그중 하나였어. 열아홉 살이던 소선은 당시 스물네 살이던 전상수와 혼인을 하고 열 달 후에 첫 아기를 낳았어. 그 아이가 바로 전태일이야.

소선의 가족은 대구에서 미싱 기계를 들여 놓고 작은 옷 공장을 차렸어. 공장은 작았지만 열심히만 한다면 세 가족이 그럭저럭 먹고살 수는 있었어. 하지만 남편은 만족하지 못하고 사업을 확장하려다가 큰 빚을 지게 되었지. 소선의 가족은 떠밀리듯 부산으로 이사 갔지만 부산에는 아무런 기댈 곳도 없었어. 게다가 전쟁이 한창이다 보니 사람들의 인심도 그리 좋지 않았어.

소선은 아직 어린 태일을 안고 배 속에는 아기를 품은 채 차디찬 거리에서 노숙을 해야 했어. 가끔 남편이 이런저런 일을 하며 돈을 벌어오기는 했지만 둘째도 태어나다 보니 안정된 생활은 어려웠지. 미군 부대에서 일하며 잠시 넉넉한 생활을 하기도 했지만 그리 오래가지는 못했어. 소선의 가족은 다시 무작정 서울로 향했지.

서울로 올라왔지만 딱히 뾰족한 수는 없었어. 전쟁이 끝난 지 얼마 안 되어 서울도 사정이 어려웠던 건 마찬가지였거든. 남편은 일자리를 구하러 다녀야 했기 때문에 아이들을 돌보는 건 소선의 몫이었어. 그 와중에 막내도 태어나서 소선은 어린아이들과 함께 다리 밑에서 지내는 날들이 많았어. 비가 오면 남의 집 처마 아래에서 비를 피하거나 생선을 손질하는 허드렛일을 하며 근근이 생계를 이어 갔지. 서울 생활이 힘들어진 소선은 시댁 식구들이 있는 대구로 내려갔지만 거기도 힘든 건 마찬가지였어. 이대로 있다간 가족들이 전부 죽을 것 같다는 생각이 들자 소선은 아이들을 남기고 돈을 벌기 위해 혼자서 다시 서울로 향했어.

서울에서 소선은 다른 사람의 집에 가서 일을 도와주거나 시장에 나가 배춧잎을 주워 돈을 벌었지. 힘든 나날이었지만 그래도 이전보다는 나았어. 반가운 일도 있었지. 큰 아들 태일이가 어느새 나이가 들어 서울로 올라온 거야. 태일은 옷을 만드는 공장이 모여 있는 평화시장에서 재봉 일을 배우며 돈을 벌었어.

두 사람이 돈을 버니 모이는 것도 빨랐어. 마침내 소선은 가족이 함께 모여 살 수 있는 작은 집도 가지게 되었지. 자식들과 함께 살게 된 소선은 태일에게서 소선이 곁에 없는 동안 어떻게 살아왔는지 이야기를 들을 수 있었어. 하지만 이때 남편이 병으로 세상을 떴어.

　서울로 온 태일은 남대문 시장 근처에서 구두를 닦거나 하숙집에 물을 길어다 주는 식으로 돈을 벌었어.

　그러다 우연히 직원을 구한다는 전단지를 보고 평화시장에 들어가 봉제 일을 배우기 시작한 거였어. 손재주가 좋았던 태일은 곧 재단사가 되었어.

　하지만 태일의 마음은 편치 않았지. 평화시장의 노동 환경이 좋지 않아서 나이 어린 여자아이들이 일을 하다 병을 얻어 죽는 모습을 보게 된 거야.

　이 일로 노동 환경을 좋게 바꾸는 것에 관심을 가지게 된 태일은 노동자의 권리를 지켜 주는 근로 기준법이 있다는 걸 알게 되었어. 태일은 자신과 뜻을 같이하는 친구들과 함께 근로 기준법을 공부했고 공장에서 있었던 일들과 친구들에 대한 이야기를 소선에게 말해 주곤 했어.

　소선은 자기에게 근로 기준법의 내용을 알려 주는 태일이 좋았어. 하지만 마음 한구석엔 불안한 마음도 없지 않았어. 아들이 자꾸 자기 자신보다 다른 사람들만 생각했기 때문이었지. 불안감은 곧바로 현실로 나타났어.

　소선이 교회에서 예배를 보고 있는데 사람들이 큰일이 났다

며 찾아온 거야. 태일이 평화시장에서 근로 기준법을 준수하라며 스스로 몸에 불을 붙였다는 소식을 전했지. 믿지 못할 소식에 소선은 재빨리 병원으로 향했어. 병원에는 온몸에 붕대를 감은 태일이 죽어 가고 있었지. 소선을 본 태일은 마지막 힘을 내어 간신히 말을 시작했어.

"노동자들이 자기 권리를 찾을 수 있도록 내 뒤를 이어서 엄마가 힘써 주세요."

지독한 통증을 참고 말하는 태일의 말에 소선은 눈물을 참고 대답했어.

"그래! 내 몸이 가루가 되어도 꼭 해 줄게."

자신이 못다 이룬 꿈을 이어 달라는 말을 마친 태일은 배가 고프다는 말을 남기고 세상을 떠났어. 아들의 유언을 들은 소선도 정신을 잃었지.

노동자의 어머니

태일의 소식이 바깥에 알려지자 세상은 태일에 대한 이야기로 들끓었어. 대학생들은 태일의 장례식을 직접 치르겠다고 했어. 당시 권력을 쥐고 있던 군사 독재 정권은 이를 못마땅하게 여겼지. 다음 해에 대통령 선거가 있었기 때문에 태일의 비극과 노동자들의 힘든 실상이 알려지는 것을 바라지 않았기 때문이야. 정부는 태일의 죽음을 조용히 묻게 하기 위해 소선에게 거액의 돈과 정보 요원을 보냈어.

평생을 일해도 만질 수 없는 돈이었지만 소선은 아들의 마지막 부탁을 잊지 않았지. 소선은 요원의 회유와 협박에도 불구하고 아들의 유언대로 아들의 친구들과 함께 평화시장 노동자들이 힘을 합쳐 스스로 권리를 보호하는 노동조합을 만들기로 했어. 태일의 꿈이었던 청계 피복 노동조합이 만들어진 거야.

노동조합의 시작은 초라했어. 노동조합이 무얼 하는 곳인지 알지 못하는 노동자들이 많았고 노동조합에 가입하면 불이익을 주겠다고 사업주와 정부가 은근히 위협하기도 했어. 소선은 노동자들을 가입시키기 위해 애를 썼지만 경찰들이 찾아와 사람들을 잡아가기도 했어. 하지만 소선을 도와주는 사람들과 노동조합에 가입하는 노동자들이 늘기 시작하면서 노동조합은 점점 모양새를 갖추게 되었어.

노동조합을 만들면서 소선은 세상에는 아직도 태일과 같은 많은 노동자들이 고통받고 있다는 걸 알게 되었어. 소선은 힘들고 슬퍼하는 사람들을 찾아다니기 시작했어. 다른 회사에서 노동조합 탈퇴를 거부하다 회사 측 사람들에게 폭행을 당해 죽은 노동자의 가족과 억울하게 간첩으로 몰려 사형당한 인혁당 희생자들의 가족도 그런 사람들이었지. 소선은 남겨진 가족들이 억울한 일을 당하지 않고 끝까지 저항할 수 있도록 힘을 보탰어. 하지만 혼자서 하는 건 아무래도 한계가 있었지.

마침내 소선은 자신과 비슷한 처지의 사람들을 만나 모임을 결성하기로 하고 1986년에 전국민족민주유가족협의회를 만들었어. 경찰의 불법적인 물고문으로 희생된 박종철, 평화시장에서 노동 운동을 하며 군사 독재에 저항하다 자신의 몸에 불을 지른 송광영 등 노동 운동과 민주화 운동을 하다 희생된 사람들의 유가족들이 모인 이 단체는 30년이 넘는 시간 동안 사회 구석구석에서 힘들고 아파하는 사람들을 찾아다니며 때로는 함께 울고 때로는 함께 싸웠지. 모임의 초대 회장이었던 이소선은 어느새 전태일의 어머니에서 힘들어하고 고통받는 모든 사람들의 어머니가 되었어.

아들이 꿈꾸던 세상을 이루기 위해 밤낮을 가리지 않고 뛰어다녔던 소선의 삶은 아들이 죽은 지 41년째 되던 2011년에 멈췄어. 지병으로 세상을 떠난 거야.

소선의 장례식은 한국의 노동조합을 대표하는 민주노총과 한국노총 모두가 참여하고 각 사회 단체장들이 대표가 되는 민주

사회장으로 치러졌어. 평소에 사이가 좋지 않았던 사람들도 이 날만큼은 모두 한마음으로 소선의 죽음을 슬퍼했어. 서로의 생각이 달라도 거기 모인 사람들은 모두 소선을 사랑하고 존경했던 자녀들이었지.

리더를 꿈꾸는 어린이에게 들려주는
이소선의 리더십 원칙

부당한 대우를 받을 때는 항의를 해라

차별을 겪는다는 것은 매우 슬픈 일이야. 그런데 부당한 대우를 받았을 때 참고 견딘다고 해서 상황이 나아지지는 않지. 특히 리더는 부당한 것에 항의할 수 있는 용기를 가지고 있어야 해. 그래야 문제를 해결할 수 있지.

위험한 상황에서는 결단이 필요하다

나는 어린 시절 친구 다섯 명과 함께 강제로 정신대에 끌려갔어. 만약 그때 빠르게 판단해서 탈출하지 않았다면 영영 돌아오지 못했을 가능성이 높아. 리더에게는 용기도 필요하지만 행동으로 옮기는 결단력도 필요해.

불의와 타협하지 말아야 한다

군사 독재 정권과 시장의 사장들은 거액의 돈으로 아들 태일이의 죽음을 묻으려 했어. 리더에게는 가끔씩 유혹이 찾아오기도 해. 하지만 약한 자의 눈물을 이해하는 리더는 모두의 미래가 자신의 결정에 달렸다는 것을 항상 가슴에 품고 행동해야 해.

약한 자들과 연대하라

강한 사람의 편에 서는 것은 누구나 할 수 있는 일이지만 그 반대는 어려운 일이야. 세상을 바꾸려는 리더는 항상 강한 사람의 편에서 생각하는 것이 아니라 힘없고 약한 사람들의 옆에서 생각해야 해.

이소선 연보

1929	이성조 씨와 김분이 씨 사이에서 1남 2녀 중 막내로 태어남
1933	아버지가 독립운동에 가담했다는 이유로 일본군에게 끌려가 사망함
1945	정신대에 강제로 끌려간 후 탈출하고 해방을 맞이함
1947	전상수와 혼인
1948	장남 태일 태어남
1970	전태일이 근로 기준법을 준수하라며 평화시장에서 분신했고, 아들의 뜻에 따라 노동 운동 시작
1980	군사 독재 정권이 들어서고 계엄령 위반으로 구속된 후 석방
1981	노동조합 해산 명령에 항의하다 구속되어 징역 10월 선고
1986	전국민주화운동유가족협의회를 설립하고 대표가 됨
1993	전국해고자협의회 지원대책위 상임의장에 임명
2011	심장 이상으로 세상을 떠난 뒤 민주사회장으로 장례식이 치러짐

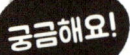
한국의 노동 운동은 어떻게 시작됐을까?

노동 운동의 선구자, 전태일

전태일은 1948년에 대구에서 이소선의 아들로 태어났어. 어린 시절을 힘들게 보낸 전태일은 서울에 자리한 평화시장에서 재단사로 일하다 당시 노동자들의 비참한 노동 환경을 목격했어. 아무도 지켜 주지 않는 노동자들의 권리를 지키기 위해 스스로 자신의 몸을 태웠지. 근로 기준법을 이해하기 위해 대학생 친구가 필요하다던 전태일의 외침은 사회에 큰 반향을 일으키게 되었고 사회 전체가 비참한 노동 현실에 대해 눈을 뜨게 되는 계기가 되었어. 전태일의 삶은 후일 조영래 변호사가 지은 《전태일 평전》을 통해 더욱 널리 알려지게 되었지.

노동 운동의 결실, 노동조합

노동조합은 노동자들이 회사의 불합리한 처우에 대항하고 노동자의 지위와 권리를 향상시키고 지키기 위해 노동자들이 결성하는 단체를 말해. 보통 노동자들은 회사에 비해 힘이 약하기 때문에 회사가 급여를 적게 주거나, 마음대로 해고를 하는 등 부당한 대우를 해도 저항하지 못하는 경우가 많아. 하지만 노동자들이 힘을 합쳐 조합을 결성하면 회사의 부당한 대우에도 저항할 수 있기 때문에 노동자들에게는 꼭 필요한 단체야. 오늘날 노동자들이 노동조합을 결성할 수 있는 권리는 헌법에 보장되고 있어.

 민주화 운동

1945년 해방 이후 한국에는 국민 투표로 선출된 민주 정부가 생겼어. 하지만 권력을 잡은 사람들이 욕심을 내기 시작하면서 점점 독재 국가가 되어 갔고 1960년에 국민들이 일어나 다시 민주 정부를 세웠지. 하지만 혼란을 틈타 군인들이 정부를 뒤집고 대통령이 되어 나라를 다스렸어. 그다음에는 아예 국민 투표를 없애고 정부에 대해 불만을 말하지 못하도록 했지. 그래서 많은 사람들이 군사 독재 정권에 저항하며 민주화 운동을 벌였고, 마침내 1987년에 국민들의 힘으로 다시 대통령 직선제를 얻어 내게 되었어.

유가협

유가협의 정식 명칭은 전국민족민주유가족협의회로 1986년 이소선을 초대 회장으로 노동 운동이나 민주화 운동을 통해 희생된 사람들의 가족들이 모여 만든 단체야. 전태일이 활동하던 1970년대와 1980년대는 국민 투표 없이 군인들이 마음대로 대통령이 되어 나라를 무단으로 다스렸던 시기야. 많은 사람들이 이 시기에 민주화를 위해 정부에 저항하다 목숨을 잃기도 했어. 희생된 사람들의 가족들은 유가협을 결성하고 희생된 사람들의 뜻을 이어 민주화 운동에 헌신했지.

출사표

　지금으로부터 약 2,000년 전의 일이야. 광활한 중국 대륙의 서쪽에 자리한 촉나라에서 한 사람이 전쟁터에 나가기 전에 자신의 마음가짐을 적은 출사표를 쓰고 있었어. 그 사람은 제갈량, 자는 공명으로 당시 촉나라에서 황제 다음의 직위인 승상의 임무를 맡고 있었지. "신, 제갈량이 아뢰옵니다."로 시작하는 출사표는 제갈량이 위나라와 싸우기 위해 전쟁터로 나가는 동안 황제에게 나쁜 일을 권하는 신하를 멀리하고 적재적소에 인재를 기용해서 어떻게 나라를 다스려야 하는지 충고하는 내용이었어. 그 문장이 무척이나 아름다워 출사표를 읽고 눈물을 흘리지 않는 사람은 충신이 아니라고 할 정도로 훌륭한 글이었지.

제갈량의 출사표를 읽은 황제와 신하들은 세간에 알려진 대로 감동으로 눈물을 흘렸어. 하지만 황제와 신하들이 눈물을 흘린 건 다른 이유도 있었어. 제갈량이 상대하는 위나라의 국력이 너무 세서 이길 수 없다고 생각했기 때문이었지. 당시 신하들은 전쟁에 반대하는 사람도 상당히 많았대. 하지만 제갈량에게는 아무리 불리하더라도 싸울 수밖에 없는 이유가 있었어.

당시 중국은 한나라가 멸망하고 '위, 촉, 오'라는 세 나라로 나뉘어 각 나라가 서로 전쟁을 벌이고 있었어. 그래서 이 시기를 삼국 시대라고도 해. 당시 촉나라는 세 나라 중에서 영토가 좁고 인구가 적어 가장 국력이 약한 나리였어. 게다가 촉나라를 세우는 데 가장 큰 역할을 했던 초대 황제 유비가 오나라와 싸우다 크게 패하여 나라의 기둥이던 인재들과 수많은 병사들이 죽었어. 무기며 곡식 등도 바닥났고 제갈량에게 남은 건 아무것도 없었지. 이민족들의 반란도 끊임없이 이어졌어. 이대로 가다간 곧 촉나라도 망하는 건 분명했지. 제갈량이 초인적인 힘을 발휘한 건 그때부터야.

제갈량이 가장 먼저 한 일은 나라의 국력을 다시 튼튼하게 하는 거였어. 제갈량은 오랜 전쟁에 지친 국민들을 위로하고 공정하게 법을 집행하여 국민들이 모두 제갈량의 정책을 지지하고 따르게 만들었어. 덕분에 촉나라의 국력은 전쟁에서 패한 지 5년 만에 예전만큼 회복할 수 있었어. 어느 정도 나라에 힘을 비축한 제갈량은 이민족들의 반란을 진압하기 시작했어. 하지만 무조건 힘으로 누르기만 한 것은 아니야. 제갈량은 전쟁에서 패한 이민족들을 차별하지 않고 진심으로 대해 주면서 그들의 마음까지 얻었지. 겉으로는 승복해도 마음이 따르지 않으면 진정으로 상대방이 승리를 인정하지 않는다는 것을 알고 있었기 때문이야. 덕분에 제갈량이 살아 있는 동안 이민족들의 반란은 일어나지 않았어.

망해 가는 촉나라의 기틀을 다시 세운 제갈량의 마지막 목표가 바로 위나라였어. 드넓은 중원에서 가장 좋은 땅을 가진 위나라는 국력이 촉나라의 다섯 배 이상일 정도로 매우 강했지. 또 영토의 생산력도 좋아서 가만히 있어도 좋은 물건들이 나왔어. 지금은 촉나라가 어느 정도 버틸 수 있지만 이대로 가다 보면 국력이 점점 차이가 나서 촉나라는 자연스럽게 위나라에게 흡수될 가능성이 높았어. 또한 위나라는 촉나라의 뿌리이자 초대 황제인 유비의 뿌리인 한나라를 무너뜨린 나라이기도 했어. 압도적으로 불리한 상황임에도 제갈량은 촉나라의 미래와 유비와의 의리를 지키기 위해 출사표를 쓰고 전쟁에 나간 거야.

누워 있는 용

181년 제갈량은 지금으로 치면 중국 산둥성에 위치한 서주 낭야현에서 태어났어. 제갈량이 태어나던 시기는 중국 전체를 다스리던 한나라가 그 세력을 잃고 쇠락해 가던 때였지. 황제가 나라를 걱정하는 신하들의 쓴소리는 듣지 않고 자기의 이익만을 꾀하는 환관들의 말에 귀를 기울이게 되면서부터 나라는 어려워졌지. 정치가 공정하지 않자 황건의 난을 비롯해 도처에서 반란이 일어났어. 그중에는 동탁이라는 사람도 있었어. 동탁은 황제가 사는 성으로 들어가 황제를 인질로 삼아 함부로 사람을 죽이고 재산을 빼앗는 식으로 폭정을 시작했어.

동탁의 만행이 점점 심해지자 각 지역을 다스리던 제후들이 모여 동탁을 제거하기 위한 연합군을 결성했어. 그중에는 훗날 위나라를 세우는 데 큰 공헌을 하는 조조, 촉나라를 건국하는 유비, 오나라를 세우는 손권의 아버지 손견도 포함되어 있었지. 힘을 합친 제후들은 동탁을 공격해서 궁지에 몰아넣는 데 성공했어. 하지만 제후들 사이에 공을 다투다 분열이 일어나서 결국 토벌은 실패했고 제후들은 다시 각자의 영토로 뿔뿔이 흩어졌어.

다행히 동탁 진영 내부에서도 분열이 일어나게 되고 동탁은

가장 아끼던 부하인 여포에게 암살당했지. 이후 중국은 막강한 실력자가 없이 여러 제후들이 통일을 하기 위해 인재를 모으고 세력을 키우는 시대가 되었어.

어린 시절 일찍 아버지를 여읜 제갈량은 당시 태수 벼슬에 있던 삼촌 아래에서 자랐어. 나라가 혼란했기에 제갈량의 어린 시절도 평탄하지만은 않았어. 주변에 강한 세력이 나타나면 삼촌을 따라 이리저리 옮겨 다녀야 했지. 동탁이 죽은 후 점점 세력을 키우던 조조가 자기 아버지의 원수를 갚겠다고 서주의 무고한 양민을 학살한 것도 원인이 됐어. 그러다 도착한 곳이 유표가 지배하던 형주 지역이었어.

유표는 군사를 이끄는 능력은 부족했지만 도시를 다스리는 행정에 능했고 학문을 좋아하는 사람이라 형주에는 실력이 뛰어난 학자들이 많았어. 학문을 중요하게 여기는 형주의 분위기는 제갈량에게도 딱 맞았지. 전쟁의 참화도 아직 형주까지 미치지는 않아서 제갈량은 비교적 안정된 상황에서 여러 학자들과 교류하며 공부를 할 수 있었어. 제갈량의 뛰어난 실력도 점점 사람들에게 알려졌지.

당시 형주에는 '사마휘'라는 사람이 있었어. 사마휘는 학식과 인품이 높아 많은 사람들에게 이름이 나 있었지. 하지만 더 유명한 건 사람을 보고 판단하는 능력이었어. 어느 날 사마휘에게 유비가 찾아왔지. 유비는 한나라 황실의 먼 친척으로, 한나라 황실을 다시 세우려는 꿈을 가진 사람이었어. 하지만 동탁이 죽은 후 다시 한나라 황제를 인질로 삼아 권력을 잡은 조조에게 밀려났지.

유비는 아무런 세력도 없이 의형제를 맺은 관우, 장비와 함께 형주까지 도망친 상황이었어. 사마휘는 유비에게 천하를 안정시키고 싶다면 와룡과 봉추 중에 한 사람을 얻으라고 말했어. 와룡은 누워 있는 용이라는 뜻이고 봉추는 봉황의 새끼라는 뜻이야. 용이 기지개를 켜고 일어나고, 봉황이 어른이 되면 세상을 놀라게 하는 것처럼 와룡과 봉추는 둘 다 아직 겉으로 드러나지 않았지만 재주와 실력이 뛰어난 사람을 말해. 여기서 와룡이 바로 제갈량의 별명이었어.

사마휘의 말을 들은 유비는 바로 제갈량이 살던 작은 초가집으로 직접 찾아갔어. 제갈량은 세상에 나갈 뜻이 없었기 때문에 유비의 초빙을 정중히 거절했지. 보통 사람 같으면 여기서 단념했을 거야. 하지만 유비는 인재를 아끼는 마음 하나로 그 뒤로 두 번이나 더 제갈량을 직접 찾아갔어. 유비가 세 번이나 직접 자신을 찾아오자 제갈량의 마음도 움직였어. 이를 세 번 초가집에 찾아갔다고 해서 '삼고초려'라고 해. 지금도 누군가가 와 주기를 바라는 마음으로 진심을 다할 때 자주 쓰는 말이야.

제갈량은 당시 제후 중에서 가장 세력이 약한 유비에게 합류하기로 마음먹었어. 제갈량이 합류하자 유비는 동생인 관우와 장비에게 "내가 제갈량을 만난 것은 물고기가 물을 만난 것과 같다."며 좋아했어. 좋은 친구 사이를 말하는 '수어지교'라는 고사성어가 바로 여기에서 유래된 거야.

천하삼분지계

제갈량이 유비군에 합류한 후 갑자기 형주에 위기가 찾아왔어. 형주를 다스리던 유표가 죽자 원소를 비롯한 다른 경쟁자들을 제거한 조조가 형주에 쳐들어온 거야. 유표의 뒤를 이은 유종이 조조에게 항복하자 유비는 다시 쫓기는 신세가 되었지. 조조의 대군 앞에 아무런 대책이 없는 상황에서 제갈량이 계책을 냈어. 바로 손권의 세력과 동맹을 맺고 조조에게 대항하는 것이었지.

손권의 세력은 장강이라는 큰 강을 경계로 대륙의 남쪽에 자리하고 있었는데 이곳을 공격하려면 배를 타고 가야 했어. 그래서 제갈량은 손권과 동맹을 맺으면 대륙의 남쪽은 손권이, 대륙의 북동쪽은 조조가, 대륙의 서쪽은 유비가 차지하여 힘의 균형을 이룰 수 있다는 계산을 한 거야. 이를 천하를 셋으로 나눈다고 해서 '천하삼분지계'라고 해.

　여기에는 어려움이 있었어. 당시 손권의 세력 중에는 조조를 무서워해 항복을 해야 한다고 주장하는 사람이 많았고, 보잘것없는 유비의 세력과는 동맹을 맺어서는 안 된다고 생각하는 사람이 많았어. 이렇게 어려운 상황임에도 제갈량은 자청해서 자신이 손권을 설득하겠다고 했지. 장강을 건너 손권을 만난 제갈량은 놀라운 말솜씨로 조조에게 항복을 권유하는 신하들과 토론을 해 모두 이겨 버렸어. 손권은 제갈량을 믿고 유비와 동맹을 맺었지. 유비와 제갈량은 손권의 신하인 주유와 힘을 합쳐 장강에 있는 적벽에서 조조의 대군을 크게 물리쳤어.

　적벽에서 승리를 거둔 후 유비는 형주에 간신히 근거지를 마련하지. 하지만 형주는 조조와 손권의 세력 사이에 있는 땅이라 이곳을 근거지로 삼기에는 조금 위험했어. 제갈량이 눈을 돌린 곳은 대륙 서쪽의 유장이 다스리고 있는 익주였어. 익주는 산으로 둘러싸인 분지라서 지형이 험해 외부에서 침입하기가 어려웠고 내부는 곡식이 잘 자라는 풍요로운 땅이었어. 제갈량은 유비를 먼저 보내 익주를 공격했고 자신은 유비의 뒤에서 아직 유비를 따르지 않는 지역을 직접 평정하면서 세력을 확장했지. 마침내 익주를 손에 넣은 유비는 그곳을 기반으로 성장해 촉나라의 황제가 되지.

조조도 가만히 보고 있지만은 않았어. 유비가 촉에서 세력이 커지자 위협을 느낀 조조는 위나라와 촉나라 사이의 한중 지역에 직접 군사를 보내 유비와 싸웠지. 반년 간의 싸움 끝에 유비는 제갈량의 도움으로 조조를 물리치고 한중 지역을 지켜 냈어. 아무것도 없는 상황에서 시작한 천하삼분지계가 드디어 성공한 거야.

얼마 지나지 않아 유비 세력은 다시 위기에 빠졌어. 조조와 싸우는 동안 동맹을 맺었던 손권이 약속을 깨고 형주를 공격한 거야. 형주를 지키던 유비의 의동생 관우는 끝까지 싸우다 결국 전사하고 말았지. 그 과정에서 조조가 죽자 그 뒤를 이은 조비는 한나라 황제를 쫓아내고 위나라를 세워 자기가 직접 황제가 되지. 그러자 유비도 한나라를 계승한다며 촉한을 세워 황제의 자리에 올랐어. 관우가 죽자 화가 난 유비는 손권을 치기로 결심해. 제갈량은 지금 진정한 적은 한나라를 멸망시킨 위나라라며 말리지만 유비는 말을 듣지 않았지. 마침내 유비와 손권 사이에 전쟁이 벌어지고 유비는 크게 패하며 수많은 인재와 군사를 잃게 되었지.

부끄러움을 참지 못한 유비는 병에 걸려 목숨이 위태로워졌어. 유비는 만일 자기 아들이 능력이 없다면 제갈량이 직접 촉나라를 다스리라고 유언을 남겼지. 제갈량은 유비의 믿음에 보답하기 위해 온 힘을 다해 노력했어. 여러 개의 화살을 연달아 쏠 수 있는 연노와 험한 산지를 쉽게 이동할 수 있는 목우, 유마 등을 발명하는 한편 군사를 양성하고 농사 기술을 보급하며, 공정하고 엄격한 법 집행으로 국민들의 마음을 얻었지. 제갈량은 거의 혼자 힘으로 촉나라를 다시 부강하게 만들었어. 자신의 말처럼 나라를 위해 죽을 때까지 몸을 바쳐 일한 거야. 국력을 회복한 제갈량은 마침내 한나라를 멸망시킨 최후의 적 위나라를 치기 위해 출사표를 써 내려 갔지.

전무후무 제갈무후

모든 준비를 마친 제갈량은 직접 군사를 이끌고 위나라로 향했어. 이를 북쪽에 있는 위나라를 토벌한다고 해서 '북벌'이라고 해. 거의 망한 것으로 생각했던 촉나라가 쳐들어오자 위나라는 깜짝 놀랐어. 그 기세를 몰아 제갈량은 여러 전투에서 승리하며 위나라 영토를 조금씩 점령해 나갔지. 승승장구한 끝에 엄청난

국력의 차이에도 불구하고 위나라의 핵심 지역인 장안까지 넘볼 수 있는 상황까지 갔어.

그런데 그만 문제가 생기고 말았어. 제갈량이 아끼던 장수 마속이 제갈량의 말을 듣지 않고 엉뚱한 곳에 기지를 세운 거지. 여기를 잃으면 촉나라는 더 이상 진군하지 못하고 후퇴할 수밖에 없었어. 위나라는 허점을 놓치지 않고 마속의 군대를 무찔렀고. 제갈량의 첫 번째 북벌은 이렇게 실패로 돌아갔어.

북벌에 실패하고 촉나라로 돌아온 제갈량은 패배에 대한 책임을 지기 위해 우선 자신의 벼슬을 깎았어. 그리고 군법 회의를 열어 마속을 처벌했어. 이때 많은 사람들이 마속의 처형을 말렸어. 마속은 재주가 많은 사람이고 제갈량이 자식처럼 아낀 사람이었거든. 하지만 제갈량은 법은 모두에게 공평해야 한다며 눈물을 흘리면서 마속을 처형했지. 여기서 나온 고사성어가 '읍참마속'이라는 말이야.

이후 제갈량은 국력을 키워 다시 북벌을 시도해. 하지만 위나라는 이미 촉나라의 공격에 대비하고 있었어. 또한 당시 위나라의 군사를 책임지던 사마의가 제갈량을 두려워해 제갈량과 싸우지 않고 성을 걸어 잠그고 지키는 전략으로 나왔어. 자연히 전쟁이 길어졌고 본거지가 아닌 곳에서 싸우다 보니 촉나라의 군대는 군량이 부족하게 되었지. 게다가 인재가 부족하여 거의 모든 일들을 제갈량이 혼자 처리해야 했어. 제갈량을 상대하던 사마의가 제갈량이 너무 많은 일을 처리한다며 오래 살지 못할 것이라 생각했을 정도야. 결국 다섯 차례에 걸친 북벌은 큰 소득을 남기지 못했어. 제갈량은 마지막 북벌 때 오장원에서 병을 얻어 숨을 거두었지.

비록 최후까지 뜻을 이루지는 못했지만 아무것도 없는 상황에서 유비를 도와 나라를 세우는 데 큰 역할을 하고, 이후로도 나라를 위해 끝까지 헌신하고 강대국을 상대로 유리한 전쟁을 이끌어 나간 제갈량의 이야기는 《삼국지》라는 역사서에 기록되어 많은 사람들의 칭송을 들었어. 역사를 통틀어 제갈량과 같은 사람은 다시 나오지 않을 것이라는 '전무후무 제갈무후'라는 말이 생겨날 정도였지.

리더를 꿈꾸는 어린이에게 들려주는
제갈량의 리더십 원칙

상과 벌은 공정하게 하라
리더는 항상 공정함을 가지고 있어야 해. 자식처럼 아끼던 마속이었지만 눈물을 머금고 벌을 내릴 수밖에 없었던 것은 개인적인 정에 이끌려 공정함을 포기하는 리더는 신뢰받지 못한다는 사실을 잘 알고 있었기 때문이지.

모든 것에 솔선수범하라
리더는 명령을 내리기만 하는 자리가 아니야. 나는 되도록 직접 행정과 재판을 처리했어. 또한 무기와 갑옷, 농사법 등을 개발하고 백성들에게 알려 주었지. 남보다 먼저 행동하는 리더가 공동체를 올바르게 이끌 수 있기 때문이야.

청렴하고 검소하라
부정부패한 리더는 아무도 신뢰하지 않지. 공동체로부터 신뢰받지 못하는 리더는 아무런 힘을 가지지 못해. 공동체의 이익을 자신이 독식하려는 모습보다는 항상 아끼고 검소한 삶을 유지하는 것이 올바른 리더의 모습이야.

신의를 지켜라
나는 끝까지 나라를 위해 최선을 다했어. 리더는 자신이 이끄는 그룹이 자신을 믿어 주는 것에 보답하고자 하는 태도를 언제나 지니고 있어야 해.

제갈량 연보

181	서주 낭야현에서 제갈규의 둘째 아들로 태어남
184	황건의 난이 발생하여 혼란의 시대로 접어듦
188	아버지가 죽자 숙부인 제갈현에게 맡겨짐
195	숙부 제갈현과 함께 형주로 이동
207	삼고초려를 통해 유비군에 합류
208	손권과 동맹을 맺고 적벽대전에서 조조의 대군을 물리침
214	유비와 함께 익주 정벌 성공
219	유비가 조조와의 전투에서 승리하고 한중 왕에 오름
221	유비가 촉한을 세우고 황제로 등극하였으며 제갈량은 승상에 취임
222	유비가 이릉 전투에서 손권에게 크게 패배함
223	유비가 제갈량에게 후사를 부탁하고 죽음
228	출사표를 쓰고 1차 북벌에 나갔지만 마속의 패배로 철수
231	다시 기산으로 북벌을 시도했으나 군량 담당관의 거짓 보고로 인해 철수
234	오장원으로 마지막 북벌을 시도했으나 뜻을 이루지 못하고 병사

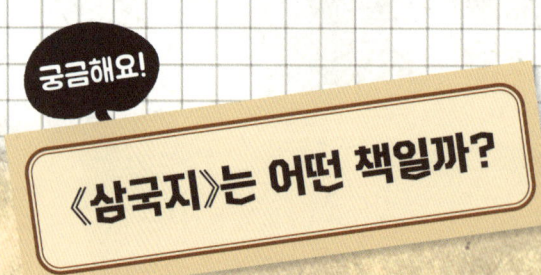

《삼국지》는 어떤 책일까?

 삼국 시대가 열리다

삼국지의 배경이 된 중국의 삼국 시대는 환관들의 횡포가 심해져 한나라의 세력이 약화되고 황건의 난 같은 농민 반란이 시작된 서기 184년부터 한나라가 멸망한 뒤 위나라, 촉나라, 오나라가 세력을 다투다 위나라를 계승한 서진이 삼국을 통일시키는 서기 280년까지 대략 100년 정도의 시대를 말해.

두 개의 《삼국지》

삼국 시대는 장대한 중국의 역사에서 극히 일부분의 시기이지만 우리에게 익숙한 이유는 바로 《삼국지》 때문이야. 《삼국지》는 진수라는 사람이 기록한 역사서로의 《삼국지》와 이 내용을 바탕으로 허구의 내용을 섞어 쓴 나관중의 역사 소설 《삼국지연의》를 말해. 둘 다 큰 줄기에서는 같은 내용을 다루지만 세세한 부분에서는 조금씩 내용이 달라. 우리에게 더 익숙한 것은 바로 소설 《삼국지연의》지.

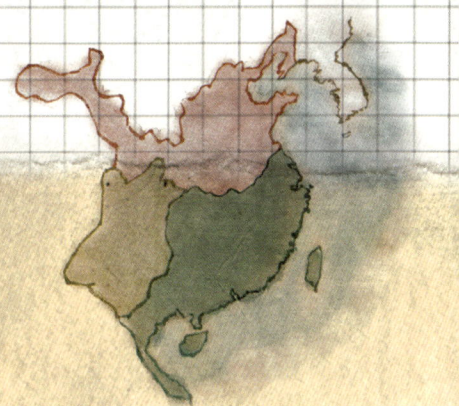

오늘날까지도 사랑받는 매력적인 소설

"삼국지를 세 번 이상 읽지 않은 사람과는 상대하지 말라."라는 말이 있을 정도로 《삼국지연의》는 많은 사람에게 사랑을 받은 역사 소설이야. 주인공 격인 유비와 제갈량 외에 관우, 장비, 조조, 주유 등 다양한 매력을 가진 사람들이 등장하고 또한 그 사람들이 각자의 뜻을 위해 계략을 꾸미고 전투를 벌이는 등 치열하게 사는 모습을 담고 있지.

《삼국지》에서 유래된 고사성어

《삼국지》에 나오는 이야기들은 고사성어로도 많이 나와 있어. 삼고초려나 읍참마속은 물론이고, 먹기도 아깝고 버리기도 아까운 닭의 갈비뼈에서 유래한 계륵, 급격히 발전한 사람을 표현하는 괄목상대, 친한 사람들끼리 우정을 맹세할 때 많이 언급되는 도원결의, 무리 중에서 가장 뛰어난 사람을 뜻하는 백미, 모든 것은 하늘의 뜻에 달렸다는 의미의 진인사대천명 등이 《삼국지》에서 유래한 말들이야.

제갈량

사진 출처

1. 제프 베이조스 ⓒ연합뉴스 (23쪽)
2. 이종욱 ⓒ연합뉴스 (39쪽)
3. 넬슨 만델라 ⓒ연합뉴스 (57쪽)
4. 스티븐 스필버그 ⓒ연합뉴스 (77쪽)
5. 엘리자베스 1세 ⓒ퍼블릭 도메인 (97쪽)
6. 이소선 ⓒ전태일재단 (119쪽)
7. 제갈량 ⓒ국립중앙박물관(141쪽)

아홉 살 리더십 멘토

1판 1쇄 발행일 2020년 11월 30일
글쓴이 신지영 • **그린이** 강화경 • **펴낸곳** (주)도서출판 북멘토 • **펴낸이** 김태완
편집주간 이은아 • **편집** 김정숙, 조정우 • **디자인** 안상준 • **마케팅** 최창호, 민지원
출판등록 제6-800호(2006. 6. 13.)
주소 03990 서울시 마포구 월드컵북로 6길 69(연남동 567-11), IK빌딩 3층
전화 02-332-4885 • **팩스** 02-6021-4885 **이메일** bookmentorbooks@hanmail.net
인스타그램 https://www.instagram.com/bookmentorbooks__
페이스북 https://facebook.com/bookmentorbooks

ⓒ 신지영 2020

※ 잘못된 책은 바꾸어 드립니다.
※ 이 책은 저작권법에 따라 보호를 받는 저작물이므로 무단 전재와 무단 복제를 금합니다.
　이 책의 전부 또는 일부를 쓰려면 반드시 저작권자와 출판사의 허락을 받아야 합니다.
※ 책값은 뒤표지에 있습니다.

ISBN 978-89-6319-392-2 74990

이 도서의 국립중앙도서관 출판예정도서목록(CIP)은 서지정보유통지원시스템 홈페이지(http://seoji.nl.go.kr)와 국가자료종합목록 구축시스템(http://kolis-net.nl.go.kr)에서 이용하실 수 있습니다. (CIP제어번호 : CIP2020047611)

인증 유형 공급자 적합성 확인 **제조국명** 대한민국 **사용 연령** 8세 이상
KC마크는 이 제품이 공통안전기준에 적합하였음을 의미합니다.
종이에 베이거나 책 모서리에 다치지 않도록 주의하세요.